鸟

中国现代经典美文书系

陈子善 蔡翔○主编

陈 啸○编选

人民文学出版社

图书在版编目(CIP)数据

鸟/陈啸编选. —北京:人民文学出版社,2012
(中国现代经典美文书系/陈子善,蔡翔主编)
ISBN 978-7-02-009146-1

Ⅰ. ①鸟… Ⅱ. ①陈… Ⅲ. ①散文集-中国-现代②散文集-中国-当代 Ⅳ. ①I266

中国版本图书馆 CIP 数据核字(2012)第 071873 号

总 策 划:黄育海
责任编辑:陈建宾
选题策划:尚 飞
封面设计:陈 楠
版式设计:高静芳

出版发行 人民文学出版社
社　　址 北京市朝内大街 166 号
邮政编码 100705
网　　址 http://www.rw-cn.com
印　　制 山东临沂新华印刷物流集团有限责任公司
经　　销 全国新华书店等
字　　数 162 千字
开　　本 850×1186 毫米 1/32
印　　张 7.25 插页 3
版　　次 2012 年 6 月北京第 1 版
印　　次 2012 年 6 月第 1 次印刷
书　　号 978-7-02-009146-1
定　　价 20.00 元

如有印装质量问题,请与本社图书销售中心调换 电话:010-65233595

编辑例言

中国素来是散文大国,古之文章,已传唱千世。而至现代,散文再度勃兴,名篇佳作,亦不胜枚举。散文一体,论者尽有不同解释,但涉及风格之丰富多样,语言之精湛凝练,名家又皆首肯之。因此,在时下“图像时代”或曰“速食文化”的阅读气氛中,重读散文经典,便又有了感觉母语魅力的意义。

本着这样的心愿,我们对中国现当代的散文名篇进行了重新的分类编选。比如,春、夏、秋、冬,比如风、花、雪、月……等等。这样的分类编选,可能会被时贤议为机械,但其好处却在于每册的内容相对集中,似乎也更方便一般读者的阅读。

这套丛书将分批编选出版,并冠之以不同名称。选文中一些现代作家的行文习惯和用词可能与当下的规范不一致,为尊重历史原貌,一律不予更动。考虑到丛书主要面向一般读者,选文不再注明出处。由于编选者识见有限,挂一漏万在所难免,遗珠之憾也将存在。这些都只能在日后逐步弥补,敬请读者诸君多多指教。

目录

一

二

三

鸟声（二篇）

◎周作人

一

古人有言，“以鸟鸣春。”现在已过了春分，正是鸟声的时节了，但我觉得不大能够听到，虽然京城的西北隅已经近于乡村。这所谓鸟当然是指那飞鸣自在的东西，不必说鸡鸣咿咿鸭鸣呷呷的家奴，便是熟番似的鸽子之类也算不得数，因为他们都是忘记了四时八节的了。我所听见的鸟鸣只有檐头麻雀的啾啁，以及槐树上每天早来的啄木的干笑，——这似乎都不能报春，麻雀的太琐碎了，而啄木又不免多一点干枯的气味。

英国诗人那许（Nash）有一首诗，被录在所谓《名诗选》（Golden Treasury）的卷首。他说，春天来了，百花开放，姑娘们跳着舞，天气温和，好鸟都歌唱起来。他列举四样鸟声：

Cuckco, jug-jug, pee-wee, to-witta-woo!

这九行的诗实在有趣，我却总不敢译，因为怕一则译不好，二则要译错。现在只抄出一行来，看那四样是什么鸟。第一种是勃姑，书名鸤鸠，他是自呼其名的，可以无疑了。第二种是夜莺，就是那林间的“发痴的鸟”，古希腊女诗人称之曰“春之使者，美音的夜莺”，他的名贵可想而知，只是我不知道他到底是什么东西。我们乡间的黄莺也会“翻叫”，被捕后常因想念妻子而急死，与他西方的表兄弟相同，但他要吃小鸟，而且又不发痴地唱上一夜以至于呕血。第四种虽似异怪乃是猫头鹰。第三种则不大明了，有人说是蚊母鸟，或云是田凫，但据斯密士的《鸟的生活与故事》第一章所说系小猫头鹰。倘若是真的，那么四种好鸟之中猫头鹰一家已占其二了。斯密士说这二者都是褐色猫头鹰，与别的怪声怪相的不同，他的书中虽有图像，我也认不得这是鸱是鸮还是流离之子，不过总是猫头鹰之类罢了。儿时曾听见他们的呼声，有的声如货郎的摇鼓，有的恍若连呼“掘注”(dzhuehuoang)，俗云不祥主有死丧。所以闻者多极懊恼，大约此风古已有之。查检观颒道人的《小演雅》，所录古今禽言中不见有猫头鹰的话。然而仔细回想，觉得那些叫声实在并不错，比任何风声箫声鸟声更为有趣，如诗人谢勒(Shelley)所说。

现在，就北京来说，这几样鸣声都没有，所有的还只是麻雀和啄木鸟。老鸹，乡间称云乌老鸦，在北京是每天可以听到的，但是一点风雅气也没有，而且是通年噪聒，不知道他是哪一季的鸟。麻雀和啄木鸟虽然唱不出好的歌来，在那琐碎和干枯之中到底还含一些春气：唉唉，听那不讨人欢喜的乌老鸦叫也已够了，且让我们欢迎这些鸣春的小鸟，倾听他们的谈笑罢。

“啾哳，啾哳！”

“嘎嘎！”

十四年四月

二

许多年前我做过一篇叫作《鸟声》的小文，说古人云以鸟鸣春，但是北京春天既然来得很短，而且城里也不大能够听到鸟声。我住在西北城，当时与乡下差不多少，却仍然听不到什么，平常来到院子里的，只是啾唧作声的麻雀，此外则偶尔有只啄木鸟，在单调的丁丁啄木之外，有时作一两声干笑罢了。麻雀是中国到处都有的东西，所以并不稀罕，啄木鸟却是不常看见的，觉得有点意思，只是它的叫声实在不能说是高明，所以文章里也觉得不大满意。

可是一计算，这已是四十年前的事了。时光真是十分珍奇的东西，这些年过去了，不但人事有了变化，便是物候似乎也有变迁。院子里的麻雀当然已是昔年啾唧作声的几十世孙了，除了前几年因麻雀被归入四害，受了好几天的围剿，中断了一两年之外，仍旧来去庭树间，唱那细碎的歌，这据学者们考究，大约是传达给朋友们说话，每天早晨在枕上听着（因为它们来得颇早，大约五点左右便已来了），倒也颇有意思的。但是今年却添了新花样，啄木鸟的丁丁响声和它的像老人的干枯的笑听不见了，却来了黄莺的“翻叫”，这字在古文作啭，可是我不知道普通话是怎么说，查国语字典也只注鸟鸣，谓声之转折者，也只是说明字义，不是俗语的对译。黄莺的翻叫是非常有名的，养鸟的人极是珍重它，原因一是它叫得好听，二则是因为它很是难养。黄莺这鸟其实是很容易捕得，乡下用“踏笼”捕鸟，（笼作二室，一室中置鸟媒，俗语称唤头，古文是一个囮字，用以引诱别的鸟近来，邻室开着门，但是设有机关，一踏着机关门就落下了)，目的是在“黄头”，却时时捕到黄莺，它并不是慕同类而来，只是想得唤头做吃食，因为它是肉食性，以小鸟为饵食的。可是它的性情又特别暴躁，关进笼里便乱飞乱扑，往往不到半天工夫就急死了，大有不自由勿宁死之风，乡下人便说它是想妻子的缘故，这可能也有点说得对的。因此它虽是翻叫出名，可是难以驯养，让人家装在笼里，挂在檐下，任我们从容赏玩，我们如要听它的歌唱，所以只好任凭它们愿意的时候，自由飞来献技了。现在却要每天早上，都到院子里来，几乎是有一定的时间，仿佛和无线电广播一样，来表示它的妙技。这具体的有怎样美妙呢，这话当然无从说起，因为音乐的好处是不能用言语所能形容的。那许(Nash)的古诗里所列举的春天的鸟，第二种是夜莺，这在中国是没有的，但是他形容它的叫声“茹格茹格”，虽是人籁不能及得天籁，却也得其神韵，可以说得包括了黄莺的叫声了。中国旧诗里说莺声“滑”，略能形容它的好处。院子更并没有什么好树，也无非只是槐柳之类，乃承蒙它的不弃每早准时光降，实在是感激不尽。还有那许说的第一种，即是布谷，它的“割麦插禾”的呼声也是晚间很可听的一种叫声，唯独后边所说的大小猫头鹰，我虽是也极想听，但是住在城市里边，无论是地方怎么偏僻，要想听到这种山林里的声音，那总是不可能的，虽然这是极可惜的事。

(1964 年 6 月)

鸟的天堂

◎巴金

我们在陈的小学校里吃了晚饭。热气已经退了。太阳落下了山坡,只留下一段灿烂的红霞在天边,在山头,在树梢。

“我们划船去!”陈提议说。我们正站在学校门前池子旁边看山景。

“好。”别的朋友高兴地接口说。

我们走过一段石子路,很快地就到了河边。那里有一个茅草搭的水阁。穿过水阁,在河边两棵大树下我们找到了几只小船。

我们陆续跳在一只船上。一个朋友解开绳子,拿起竹竿一拨,船缓缓地动了,向河中间流去。

三个朋友划着船,我和叶坐在船中望四周的景致。

远远地一座塔耸立在山坡上,许多绿树拥抱着它。在这附近很少有那样的塔,那里就是朋友叶的家乡。

河面很宽,白茫茫的水上没有波浪。船平静地在水面流动。三只桨有规律地在水里拨动。

在一个地方河面窄了。一簇簇的绿叶伸到水面来。树叶绿得可爱。这是许多棵茂盛的榕树,但是我看不出树干在什么地方。

我说许多棵榕树的时候,我的错误马上就给朋友们纠正了，一个朋友说那里只有一棵榕树，另一个朋友说那里的榕树是两棵。我见过不少的大榕树，但是像这样大的榕树我却是第一次看见。

我们的船渐渐地逼近榕树了。我有了机会看见它的真面目：是一棵大树，有着数不清的桠枝，枝上又生根，有许多根一直垂到地上，进了泥土里。一部分的树枝垂到水面，从远处看，就像一棵大树斜躺在水上一样。

现在正是枝叶繁茂的时节（树上已经结了小小的果子，而且有许多落下来了）。这棵榕树好像在把它的全部生命力展览给我们看。那么多的绿叶，一簇堆在另一簇上面，不留一点缝隙。翠绿的颜色明亮地在我们的眼前闪耀，似乎每一片树叶上都有一个新的生命在颤动，这美丽的南国的树！

船在树下泊了片刻，岸上很湿，我们没有上去。朋友说这里是"鸟的天堂"，有许多只鸟在这棵树上做窝，农民不许人捉它们。我仿佛听见几只鸟扑翅的声音，但是等到我的眼睛注意地看那里时，我却看不见一只鸟的影子。只有无数的树根立在地上，像许多根木桩。地是湿的，大概涨潮时河水常常冲上岸去。"鸟的天堂"里没有一只鸟，我这样想道。船开了。一个朋友拨着船，缓缓地流到河中间去。

在河边田畔的小径里有几棵荔枝树。绿叶丛中垂着累累的红色果子。我们的船就往那里流去。一个朋友拿起桨把船拨进一条小沟。在小径旁边，船停了，我们都跳上了岸。

两个朋友很快地爬到树上去，从树上抛下几枝带叶的荔枝，我同陈和叶三个人站在树下接。等到他们下地以后，我们大家一面吃荔枝，一面走回船上去。

第二天我们划着船到叶的家乡去，就是那个有山有塔的地方。从陈的小学校出发,我们又经过那个“鸟的天堂”。

这一次是在早晨,阳光照在水面上,也照在树梢。一切都显得非常明亮。我们的船也在树下泊了片刻。

起初四周非常清静。后来忽然起了一声鸟叫。朋友陈把手一拍,我们便看见一只大鸟飞起来,接着又看见第二只,第三只。我们继续拍掌。很快地这个树林变得很热闹了。到处都是鸟声,到处都是鸟影。大的、小的、花的、黑的,有的站在枝上叫,有的飞起来,有的在扑翅膀。

我注意地看。我的眼睛真是应接不暇,看清楚这只,又看漏了那只,看见了那只,第三只又飞走了。一只画眉飞了出来,给我们的拍掌声一惊,又飞进树林,站在一根小枝上兴奋地唱着,它的歌声真好听。

“走罢。”叶催我道。

小船向着高塔下面的乡村流去的时候,我还回过头去看留在后面的茂盛的榕树。我有一点留恋,昨天我的眼睛骗了我。“鸟的天堂”的确是小鸟的天堂啊!

1933年6月在广州

鸟

◎梁实秋

我爱鸟。

从前我常见提笼架鸟的人,清早在街上蹓跶(现在这样有闲的人少了)。我感觉兴味的不是那人的悠闲,却是那鸟的苦闷。胳膊上架着的鹰,有时头上蒙着一块皮子,羽翮不整的蜷伏着不动,哪里有半点瞵视昂藏的神气?笼子里的鸟更不用说,常年的关在栅栏里,饮啄倒是方便,冬天还有遮风的棉罩,十分的“优待”,但是如果想要“抟扶摇而直上”,便要撞头碰壁。鸟到了这种地步,我想它的苦闷,大概是仅次于粘在胶纸上的苍蝇,它的快乐,大概是仅优于在标本室里住着罢?

我开始欣赏鸟,是在四川。黎明时,窗外是一片鸟啭,不是吱吱喳喳的麻雀,不是呱呱噪啼的乌鸦,那一片声音是清脆的,是嘹亮的,有的一声长叫,包括着六七个音阶,有的只是一个声音,圆润而不觉其单调,有时候是独奏,有时候是合唱,简直是一派和谐的交响乐。不知有多少个春天的早晨,这样的鸟声把我从梦境唤起。等到旭日高升,市声鼎沸,鸟就沉默了,不知到哪里去了。一直等到夜晚,才又听到杜鹃叫,由远叫到近,由近叫到远,一声急似一声,竟是凄绝的哀乐。客夜闻此,说不出的酸楚!

在白昼,听不到鸟鸣,但是看得见鸟的形体。世界上的生物，没有比鸟更俊俏的。多少样不知名的小鸟，在枝头跳跃，有的曳着长长的尾巴，有的翘着尖尖的长喙，有的是胸襟上带着一块照眼的颜色，有的是飞起来的时候才闪露一下斑斓的花彩。几乎没有例外的，鸟的身躯都是玲珑饱满的，细瘦而不干瘪，丰腴而不臃肿，真是减一分则太瘦，增一分则太肥那样的秾纤合度，跳荡得那样轻灵，脚上像是有弹簧。看它高踞枝头，临风顾盼——好锐利的喜悦刺上我的心头。不知是什么东西惊动它了，它倏的振翅飞去，它不回顾，它不悲哀，它像虹似的一下就消逝了，它留下的是无限的迷惘。有时候稻田里伫立着一只白鹭，拳着一条腿，缩着颈子，有时候“一行白鹭上青天”，背后还衬着黛青的山色和釉绿的梯田。就是抓小鸡的鸢鹰，啾啾的叫着，在天空盘旋，也有令人喜悦的一种雄姿。

我爱鸟的声音，鸟的形体，这爱好是很单纯的，我对鸟并不存任何幻想。有人初闻杜鹃，兴奋的一夜不能睡，一时想到“杜宇”“望帝”，一时又想到啼血，想到客愁，觉得有无限诗意。我曾告诉他事实上全不是这样的。杜鹃原是很健壮的一种鸟，比一般的鸟魁梧得多，扁嘴大口，并不特别美，而且自己不知构巢，依仗体壮力大，硬把卵下在别个的巢里，如果巢里已有了够多的卵，便不客气的给挤落下去，孵育的责任由别个代负了，孵出来之后，羽毛渐丰，就可把巢据为己有，那人听了我的话之后，对于这豪横无情的鸟，再也不能幻出什么诗意出来了。我想济慈的《夜莺》，雪莱的《云雀》，还不都是诗人自我的幻想，与鸟何干？

鸟并不永久的给人喜悦，有时也给人悲苦。诗人哈代在一首诗里说，他在圣诞的前夕，炉里燃着熊熊的火，满室生春，桌上摆着丰盛的筵席，准备着过一个普天同庆的夜晚，蓦然看见在窗外一片美丽的雪景当中，有一只小鸟踌躇缩缩的在寒枝的梢头踞立，正在啄食一颗残余的僵冻的果儿，禁不住那料峭的寒风，栽倒地上死了，滚成一个雪团！诗人感喟曰："鸟！你连这一个快乐的夜晚都不给我！"我也有过一次类似经验，在东北的一间双重玻璃窗的屋里，忽然看见枝头有一只麻雀，战栗的跳动抖擞着，在啄食一块干枯的叶子。但是我发见那麻雀的羽毛特别的长，而且是蓬松戟张着的：像是披着一件蓑衣，立刻使人联想到那垃圾堆上的大群褴褛而臃肿的人，那形容是一模一样的。那孤苦伶仃的麻雀，也就不暇令人哀了。

自从离开四川以后，不再容易看见那样多型类的鸟的跳荡，也不再容易听到那样悦耳的鸟鸣。只是清早遇到烟突冒烟的时候，一群麻雀挤在檐下的烟突旁边取暖，隔着窗纸有时还能看见伏在窗棂上的雀儿的映影。喜鹊不知逃到哪里去了。带哨子的鸽子也很少看见在天空打旋。黄昏时偶尔还听见寒鸦在古木上鼓噪，入夜也还能听见那像哭又像笑的鸱枭的怪叫。再令人触目的就是那些偶然一见的囚在笼里的小鸟儿了，但是我不忍看。

谈鸟

◎许君远

我常常征引哈德森(W. H. Hudson)的《绿厦》(Green Mansions),却不曾一次提到他另外几种本行的杰作,而《鸟与人》、《不列颠的鸟》、《拉普拉塔的鸟》(Birds of La Plata)全是非常有趣的书。哈德森是一位博物学家,生在南美,长在美国,《绿厦》的背景就是南美森林,女主角只能操似可解而不可解的鸟语,飘忽于宇宙间。他不只是把鸟“人化”(Personify),真是把它“仙化”了。

“花香鸟语”是一个快人的境界,往年在故都,坐在中山公园的芍药丛中,松林阵阵传来“行不得也哥哥”,大地充满着春的召唤,当时你会感到宇宙无穷,人生的前途无限。那启示非常伟大,宛然如阅读哈德森的著作。

鸟语是天然的音乐,除了乌鸦和猫头鹰,几乎都能啭出一些抑扬顿挫的节奏。音乐使人陶醉,鸟语也使人陶醉,如果没有鸟,那该是一个多末死寂的世界!然而也竟有闺中少妇,主张“打起黄莺儿,莫教枝上啼”;你该原谅她:原因是她只留意于晨梦,却忘掉鸟给她带来春之消息,忘掉“流莺有情亦念我,柳边尽日啼春风”。

古今中外的诗歌中很多关于鸟的礼赞,《金库诗存》(Golden Treasury)开卷第一章奈士(T. Nash)的《春》,便用鸟声渲染春的颜色,味的悠扬,谁不一唱三叹？黄鹂杜鹃也是春意浓厚的鸟,杜子美的“映阶碧草自春色,隔叶黄鹂空好音”,李商隐的“庄周晓梦迷蝴蝶,望帝春心托杜鹃”,都是名句。《聊斋志异》的《林四娘》,故事虽亦平凡,但是女主角却留给陈先生一首好诗,“闲看殿宇封乔木,泣望君王化杜鹃”,读起来比唐人句还凄婉。民间流传着许多关于杜鹃的传说。如果稍加组织,便是堪与希腊神话相比美的故事。

云雀夜莺在英国诗歌里最为习见,莎士比亚的《罗米欧与朱丽叶》的私婚一场,一对儿情深似海,恩爱无边,然而夜太短暂,晨光上窗,云雀在唱。对于朱丽叶这刑罚太苛酷了,“也许是月色微茫,也许是夜莺奏曲?”——都不是,分手的时期到了,他们也不曾想到那竟会成为永久的分手。夜莺叫尽了五更,云雀报告了天晓,它们虽然是英雄美人的催命符,却成为后世诗人怀念的对象。

云雀夜莺最相当于黄鹂杜鹃,鸟所给予诗人的灵感,中外殊无二致。只是我对于鸟的知识过于浅薄,写“鸟与人”一类的著作,对于我显然是过分的奢望了。

尽管如此,我非常爱鸟。我的“爱”是广义的“爱”,绝不是希望像一般人必以把一只活泼的生物关在笼子里面为满足。大观园里的鹦鹉能够背诵林黛玉的《葬花词》,固然是一种韵事,但是为了防范它走漏消息,必须“偷移鹦母情先觉”,毕竟太费心思,而且没有饲养经验的人,也徒使禽鸟受苦,如遇不幸,并且引起不能开解的伤感。童年在北国乡间,最喜欢同弟弟一块儿养小麻雀,趁它黄口羽毛未丰,从房缘砖缝里取下,喂小米,喂蚱蜢和草虫,半月以后它便同你形影不离,飞在你的头上,飞在你的腕端,翅膀扑拍不休,张着口唧唧索食。驯顺到这种程度能给你最大安慰，最能博取小伙伴们的赞美。不过，像这情形我仅有两次，而两只驯鸟都被我的黑猫吃掉，我哭嚎了好几天，黑猫也受到严厉的惩罚，一次我还把它从房顶摔到地下，腿拐了很久。

弟弟的一只喜鹊养了几乎两月，从雏鹊长到成鹊，白天常在葡萄架上栖身，见了家人便扑到肩上，见了生人则吱咤不休。堂姐到我家做针线，竟被它啄乱了头发，虽然她因为受了欺负流泪，我同弟弟反而鼓掌大笑，得意喜鹊的勇敢。一天它不见了，晚上才发现溺死在天井的水缸里，大概是因为喝水而落水，捞上来一只落汤鸡，委实令人凄然。前些时大女孩子拿到家里一只类似麻雀的小鸟，性情非常婉善，半天的工夫就知道抖擞着翅膀张口索食。邻家女仆说那是斑鸠，不过我想斑鸠不会那末小。我给它架好一根横木，插在墙上，未用绳索。孩子生怕耗子拖走，要我置鸟笼子，当时漫然置之。不料第三天夜里，木架忽然空空，孩子们一齐动员寻找，鸟的死尸横躺在椅子下面，显然是小狗淘气的结果。大孩子哭了，拼命打狗，哭声、狗的汪汪声、妈妈的呵斥声响作一片，我则默然地坐着，注视这一幕童年悲剧的翻演。心里很难过，感触流光的消逝，同时也后悔对小鸟未能加意护持，以致自食恶果。

燕子在北国同麻雀一样多见，我还记得祖父给我讲过的燕子故事。他说，一位寡妇离群索居，梁上栖止着一双燕子，春来秋去，主客十分相得。但是忽然春天飞来一只恶鸟，将雄燕抓毙，只剩一只孤燕，加重了主人身世之感。她愈发注意它的安全，甚至把它召下来抚抱，并且给它脚上系上一条红丝，作为友情的标志。第二年它依然飞还，而每逢春季之交，主人便满怀希望它归来，她觉得生活虽然空洞，尚有燕子成为她的精神伴侣。密切的友谊维持了很久，忽然那一年燕子绝迹不至，那位青年少妇由春盼到夏，由夏盼到冬，生命的光辉逐渐暗淡，她抵抗不过冬天的沉寂，恹恹然而病，郁郁然而死。祖父有诗：“开到荼蘼春已暮，美人频念燕归来。”即咏此事。

祖父故事的主旨不在讲述少妇多情，而是要说明燕子的灵性，不让孩子们去伤害它。家中正房的梁上常保留着燕子的泥巢，每逢乳燕失足堕地，祖父总是让长工搬梯子把它送还，孩子们想把玩它一下全没机会。我对燕子从此牢牢地保持有一种敬畏的信念，以后涉读骚人墨客吟咏燕子的篇章，也总是特别体会到它的趣味。燕子最堪入诗，像“无可奈何花落去，似曾相识燕归来”，咏的是儿女柔情；像“旧时王谢堂前燕，飞入寻常百姓家”，则又在太息兴亡，缅怀往日，最坏的比喻是“燕雀处堂”，把燕子与麻雀相提并论，我真为灵鸟叫屈。

称燕子为“灵鸟”并不过分，《玄中记》说“千岁之燕户北向”；《续异记》载：“孙氏妻黄氏，忽见一童子在前，以钗掷之，跃入云去。夜间户外歌曰：昔填夏家冢，犛泥头欲秃，今寄黄氏居，非意伤我目。及寻觅巢中，得一白燕，其目果伤。”其实不只燕子，任何禽鸟都足以成为文学家的幻想的对象，西洋童话，和中国《述异记》一类的神话，有不少篇鸟的故事。《聊斋志异》的《阿英》、《阿宝》、《竹青》、《鸲鹆》尤其逼近哈德森描写的门路。在中国诗词里有一种为人世所不习见的“青鸟”，它为西王母做信使，诗人偏信它能够传递情书，成全男女好事。比利时戏剧家梅特林克也以它为体裁，写成一本不朽的名著，用它象征希望，象征幸福。

昼长人静，有林黛玉坐潇湘馆之感。长林内杜宇声声，连唱“不如归去”，记得戴昺有词：“不如归去，不如归去，千山万水家乡路。”真正道出我的怀乡心思，便试写《谈鸟》。客中无书参考，文章自然是非常浅薄的。

（一九四四年九月）

记鸟语

◎林语堂

到了日月潭，每一个毛孔都舒服起来了。毛孔可以泄汗，泄汗就可以使汗化气；汗化气即减少热度，所以这是一副天然冷气机。人身有三万六千毛孔，就有三万六千架的小型冷气机。所以出得汗，就爽快。避暑要诀，倒不一定在不出汗，是必要出汗时，汗出得来。你穿上洋服，挂领带就有十一层布封在脖颈上，把冷气机堵住，汗出不来，气泄不得，非造物之罪也。(外衣领处必是夹的，故两层，再翻领是四层；衬衫此处又翻领又为四，合为八，领带二，又加当中铺垫一层为三，故为十一，即十一道封条，不许泄气。)假定不被封锁，清风徐来，轻轻吹过毛孔上小毛，就非常适意。若是不居山上而居城市，山风吹不到，是人为的，又非造物之罪也。领带之为物，乃北欧寒带演化出来的服装，与热带最不相宜。有时入乡随俗，不得不戴，真是无可奈何。这且表过不提，单说日月潭的鸟语。

公冶长懂鸟语，这不是不可能，只是常人不大理会而已。语言发源于诗歌，先有感叹吟唱，然后有文字语言。这是语言学上的 Sing-Song Theory。世界文学史，都是先有诗歌，才有散文，所谓“诗亡然后春秋(散文)作”。本来是应当如此的。所谓语言，只是传达意思的方法。蜜蜂觅到好花盛开处，回来巢中向他蜂作特种跳舞，报导消息，并指示花园方向，是一种语言。两蚁相遇于途中，交须一会，亦是传达意思。所以中文说鸟语，不说鸟歌，是对的，是能特别体会鸟类的生活。

新近我家买几只鸡来养。有一早晨一小雄鸡忽然学唱，负起他司晨的责任了。其声音嘶而促，绝不像大雄鸡的响澈。你绝对想不到，这一唱，把笼中的小姐都发昏了，个个心里乱跳，发出温柔缱绻的声音，说："我在此地。"其声音，有母鸡呼小鸡的温柔，而却没有老母鸡的粗鄙。

日月潭有各种野鸟。在晨光熹微、宇宙沉寂，可恶的人类尚在梦寐中之时，众鸟可自由自在无忧无虑的开他们的交响乐会。大概日月潭的鸟语可分四五种，而最特别的是一种我所谓时哉鸟，唱的主调是"时哉——时哉！"重叠的唱，而加以啁啾的啭喉音。那天我没听见子规鸟的"思归！思归！"不知有没有。我想春天应该有的。江浙人说子规的叫是弟弟哭他被继母迫死的哥哥，泣血而死，化为杜鹃，因为江浙音呼"哥哥"为"孤孤"。众鸟的语式不同，其中也有：

"快起来！快起来！"这是早眠早起很勤谨的一种小鸟，呼其同类，觅好虫吃。

"臊！臊！害臊！"声音非常粗暴。这是一种厌世的岩栖高士，以为举世沉浊，不足与庄语，无疑的，他是黄老派的。

"莫踌躇！莫要踌躇！可别糊涂"——声音非常轻细而婉约动人。

其余还有仅发唧唧咄咄的短音。时哉鸟，唱的啭音特别多，夹杂别的话，再以"时哉！时哉！"主题为结束。这样此唱彼和，隔山相应，鸟音渡水而来，以湖山为背景，以林木为响声，透过破晓的蓝天，传到我的耳朵来，自然成一部天然的交响奏。这是庭院内以鸟笼养鸟所领略不到的气象，其自然节奏及安插，连他们的静寂停顿而后再来，都是有生气的，百鸟齐鸣的情形，大率如下。

“啾啾！还不起？快起来！快起来！我说快起来！”忽然天上传来的美乐，SO，MI，RE，DO-SO，SO，MI，RE，DO……TR……TR，TR 时哉！时哉……TR，可不是吗？……时哉！时哉！……不起，不起，还不起？SO，MI，RE，DO-SO，SO，MI，RE，DO……莫踌躇！别糊涂，莫要踌躇！……TR……时哉，时哉，时哉！可不是吗？时哉！时哉！时哉！还不起，还不起？臊！臊！害臊！SO，MI，RE，DO-SO，SO，MI，RE，DO(静默半分钟)……啾！啾，莫糊涂，莫踌躇……时哉！时哉！时哉！……”

南国鸟节

◎秦牧

我的家在广州市区边缘。这些日子,早晨在床上睁开眼睛的时候,有时突然听到鸟儿的鸣啭,它们真是出色的歌唱家,叫得那么美妙、神奇,有时竟唱出一串长长的颤音,让人获得高度的美的享受。每当此际,我就宁可静静地躺在床上不动,凝神倾听。那声音把我引进一个境界,仿佛在古老的建筑的檐下伫立,听飞燕穿梭呢喃似的,又仿佛步行在森林深处,看到鸟儿在树上纵情鸣啭一样。鸟类的鸣声使我想象它们的形貌:它们是穿着红衣、黄衣、褐衣、蓝衣还是五彩锦裳呢?它们叫的时候,是颈毛蓬松,不断点头,伸长脖子呢?还是每叫一声,就把尾巴上下摆动一下呢?因为在城市里“不闻此调久矣!”所以偶然有幸听到,就令人心畅神驰,感到一种生活的欢愉。我知道,现在能够偶尔听到鸟类的歌声,是因为保护鸟类的活动,正在着着进展的缘故。一九八〇年,中国鸟类学会在大连宣布成立。去年,广东又把每年三月二十日定为“鸟节”。并接着举行爱鸟周的活动,这类活动已经取得一丁点儿效果。因此,我们居住在城市的人才有幸在晨曦中偶尔听到鸣禽的柔啭。但是护鸟的效果,当前毕竟还是太小,因而听到鸟的歌声的机会,现在还未免太稀罕了。

前人曾经写下这样的诗句:“小鸟枝头亦朋友,落花水面皆文章。"字句很浅,但是诗味很浓。鸟类的确是人类的好朋友!我常常想:一株树,一只鸟,一朵花,如果你有时间的话,它们的美丽之处尽够你瞧上它好几刻钟。要是地球上没有这些东西,就算人类能够设法弄到丰足衣食又怎样?生活不是太单调了吗?"宇航人"的生活,茫茫大洋中水手的生活,大概就是这样单调的。

鸟类真是人类的好朋友!它们是人间带翅膀的小天使。有些鸣禽歌唱的本领可真令人击节叹赏,"间关莺语花底滑",这样的诗句,把那种声音的妙处多少描绘出来了。像夜莺、黄鹂、百灵、画眉等鸟儿的鸣声,真不知挑动了中外古今多少人的心弦!人们纷纷把"叫天子"、"歌唱明星"的美号奉献给它们了。

有些鸟儿,又是最卓越的时装设计师,像孔雀、锦鸡、白鹇、鸳鸯、石青儿、绣眼儿、翠鸟、虎皮鹦鹉之类,它们衣裳的漂亮,足以令人类中的服装师傅,时装模特儿心折。有些不以色彩缤纷的锦裳令人目眩的,又以它们极其卓越的调色本领和装饰技巧,简单几样颜色和一点儿装饰,就使自己具有异常倜傥潇洒的风度,像丹顶鹤、珍珠鸡、白鹭、戴胜、"一枝花"之类,不就是这样吗?

使鸟儿成为人类的好朋友的,还因为它们大抵是除害能手,暗暗保护着人类的庄稼和森林。猫头鹰是灭鼠大王,布谷鸟是吞食松毛虫的专家,家燕、雨燕、绣眼儿、八哥等等都是捕虫圣手,啄木鸟更是名驰遐迩的"森林医生",可以说,大量的鸟都是人类的好朋友——各种害虫的死对头。鸟儿世世代代为人类立下了不朽的功勋。

因此,世界上许多文明国家,都有保护鸟类的良好风俗,有些国家,把自己土地上所有的鸟类的照片精印成珍贵画册,告诉人们:“我们国土上有这么美丽的鸟类,大家都得知道才好!”有些地方人们爱护鸽子,无微不至,以至鸽子可以降落在人的肩膀上、脚底下,啄食人们喂养它们的食物。有些地方,要是一个水手射杀了一只海鸥,众多水手就会把他视为道德极端败坏的人,不屑与之为伍了。

鸟类学家告诉我们:全世界鸟类已知的有九千零一十六种,我国出产的鸟类有一千一百八十六种。这个数字本来是有点可观的,可惜,鸟类专家又告诉我们,中国的鸟群,正在不断减少,以广州的白云山来说,几十年前常见的大量鸟类,这些年都减少了,猫头鹰、斑鸠、鹧鸪、白鹭等等,都变成稀有的了。

为什么?就因为多年来,有大量猎枪的枪筒对准这些带翅膀的小天使。如果是射杀害鸟,像黄胸鹀(禾花雀)之类,或者猎食肥美的大型鸟类,像大雁、野鸭之类,自然毋需反对;或者,有节制地捕捉喂饲若干鸟类,那也罢了。但是事实不然,许多身上并没有一两肉的美丽的小小鸣禽,都是这些人射杀取乐的目标。这些家伙是在“煮鹤焚琴”,杀功臣,宰朋友啊!每当看到这样的人闭起一只眼睛,怪神气地在瞄准、射击小鸟的时候,真令人感到憎恨!这类人物的枪法也许可以考一百分,但是,在社会公德的得分上,却是低得可悲的。

森林面积和飞禽走兽在不断减少中,这是大自然向我们国家提出的一个警告讯号。

因此,保护自然生态的呼声现在是越来越高了,从去年起,广东也规定每年都有一个“鸟节”,这是很可赞美的。保护大自然的工作者是值得尊敬的。他们和“目光如豆”的人在斗争，他们是眼光远大的人。

有些节日，像元宵看灯，中秋赏月之类，使人想起享受；像端午赛龙船，重阳登高之类，使人想起体育。我们应该有些节日，是提倡德育的才好。清明植树，“鸟节”提倡爱鸟、护鸟，应该说就是属于这一类吧！让爱树木，爱鸟类，爱护大自然之类的活动扩大开去，不知道各地的人们认为如何？

（1982 年底）

歌鸟

◎黄蒙田

在遥远的地方。春天。

鸟儿在歌唱。美妙的歌声此起彼落地散布在这个城市的上空。人们被这迷人的歌声吸引着,靠在窗台上向大街望去。看哪,那些爱鸟者擎着自己的笼鸟来了。有些人头上套着一个鸟面具,手舞足蹈地走来了。那些鸟儿此刻虽然被人们带在街上走,如同挂在屋檐下兴致非常好地在展开歌喉。

在一座小山上。爱鸟者常常到这里来放鸟。有一个小孩子,从笼子里捧出一只养了好些时日的百灵鸟来,他张开手,让它飞去。百灵鸟在孩子的手掌里犹豫了一下,仿佛依依不舍地飞向天空,然后在天空来回地飞着,发出嘹亮的歌声。田野里的农人正在春耕,他们听到了百灵鸟的歌声,都抬起头来,远远地望着那将要消失在云端里的百灵,谛听一会它的歌声,然后同声地说:“今年春天到得真早呀。”

这是那个遥远的地方的“鸟节”。

可以想象,鸟儿美妙的歌声对于人类是一种生活的调剂,是一种美的享受。鸟儿的歌声是象征春天的。

我看见过一个补鞋匠,每天在弄堂的一角埋头做单调的工作。在他的摊位墙壁上,挂了两笼鸟儿,一笼是画眉,一笼是石燕，它们距离得很近，可是用一块布隔开着，彼此看不到，却听见双方的歌声。这两只鸟儿就是补鞋匠的朋友。每天早上，他替鸟儿洗过澡，添了食料之后，开始做补鞋的工作，而两只鸟儿便像一部不停的留声机似地轮流歌唱着，用那婉转的歌声去娱乐他。有时补鞋匠暂时把工作停下来，抽一袋烟，闭着眼睛在听他心爱的鸟儿歌唱，而鸟儿似乎善解人意，这一刻歌唱得格外卖力，也格外的动听，补鞋匠完全听入神了。可以了解，这一对鸟儿的歌唱是他最好的享受，当他工作疲劳的时候，对他的精神起着调剂的作用。

是的，鸟的歌唱是这补鞋匠最有趣味的生活之一。鸟的歌声使他接近自然野趣，忘记了疲倦，甚至丰富了他的生活。

我们和鸟儿共同生活在一个世界上。我们和鸟类毗邻而居，相处得很好，成了很好的朋友。人们总是追求和平的境界生活的，不论他的生活习惯如何，在日常生活当中，人们喜欢安排自然界的生物参加到自己的生活里来，让我们的生活更多彩，更富于生趣。

我们居住着的是一个狭窄的城市。这个城市的人大部分过着匆忙的生活。可以想象，人们的生活是非常枯燥、乏味的，在这样的情况下人们要求生活的趣味、讲究一下情调是可以理解的。当然，所谓趣味、情调是因了各人的喜爱不同而各异，其中一部分人就是喜欢和鸟儿打交道。长久以来，我喜欢大清早到茶楼上去品茗，有两家茶楼的最高一层似乎是专为了带着笼鸟而来的茶客而设。天还没有亮，爱鸟者便带着他们心爱的鸟儿出门去了，揭开笼底，让笼子罩在还铺满了点点晶莹的露水的草地上，他们习惯了让鸟儿呼吸早上的新鲜空气，让鸟儿“吃草”。这之后，便带着鸟儿上茶楼去。茶楼大堂上的横架上、窗台前、栏边上甚至台子上全是一笼笼画眉、猪屎渣、相思、石燕,红波和蓝波,而鸟儿们一碰在一起就仿佛进行竞赛似的唱个没完,就像是一曲鸟儿的交响乐。爱鸟者靠在栏边的椅子上,喝一口“白毛寿眉”,吃一件点心,一面听鸟儿歌唱,一面打开当天的早报,看了一会,打开盛蚱蜢的笼子取出一只狮头蜢来,送进笼子去,鸟儿便立刻扑过来,啄去了,不再唱了。狮头蜢吃得差不多,它又歌唱起来了,而且唱得比先前更嘹亮,也更动听了。你看着茶客们此刻流露出那满足而又泰然自若的表情便可以了解:对于这样的生活他们是感觉到多么有情趣呀。这趣味,这情调不是用什么了不起的代价然后才得到,而只是一只能唱歌的鸟儿和一盅茶——而事实上那些经济条件好的人却不一定懂得享受这样的趣味、情调。

大约是一盅茶冲过几次开水,吃过点心,看完一份早报,茶客们便纷纷擎着自己的鸟儿下楼回家去了。他们还有别的更重要的事情要做,譬如说,他们要回到店家去开铺,回到写字间或作坊去上班。当他们工作了一天,下班回来了,第一件事便是逗引一下挂在窗前的鸟儿,或者又取出一只狮头蜢来喂它,然后在它前面坐下来,抽一根香烟,望着它歌唱。

当然,爱鸟的人当中也有些是游手好闲的二世祖。这些人爱鸟的出发点并不是因为它的歌声对于自己的生活有什么意义,而是因为自己实在过分的清闲,甚至是让鸟儿搏斗来赢钱。鸟儿是一种人见人爱的鸣禽,它的毛色艳丽,歌声迷人,你可以想象,当人们怂恿两只同样的鸟儿在笼子里扑杀时是多么的残酷。我看见过两只画眉被困在笼子里,它们叫着、抓着、啄着,头上破损、流血,美丽的羽毛一片片散落。想起了这一对鸟儿刚才还是那样可爱地歌唱着，现在却被抓得头破血流，心里觉得很难过。我无法了解那些怂恿鸟儿搏斗的人是一种怎样的心理。我从心底里憎恶他们，我坚决表示反对斗鸟。从此以后，我再也不愿意看到斗鸟，虽在许多场合可以看到，譬如雀市茶楼上就常有斗画眉，我不愿意看，因为这么一来，简直把雀市茶楼上那种宁静、和平的气氛破坏得一干二净了。

如果你有一天起个绝早到半山公园去，一定可以看到许多爱鸟者带着他们心爱的鸟儿来这儿“吃草”。笼鸟被挂在树桠上，挂在凉亭檐角下，放在草坪上。爱鸟者们有些一面在听鸟儿歌唱一面看早报，有些却在耍太极拳，鸟儿的歌声仿佛是他们的伴奏，他们的太极拳耍得起劲，鸟儿也唱得开心。我相信，这是半山公园情调最好的时刻了。

在这里出现的笼鸟，最常见的是石燕。这种鸟的祖家原是远在南非洲，早上二十年，我还不曾看见过有人养它，近年来却是最流行的鸟儿了，相信是最近这十年间航海到南非的海员带回来的，现在石燕成了南非洲的出口货了。这种鸟儿比相思稍为大些，也是背青绿而肚鹅黄，和相思不同的地方是背部和翅膀带着麻色。论外形，石燕并没有什么特别，可是它的歌声却很讨人喜爱，嗓门的变化多，一唱就是一连串的十几个调门，婉转动听。石燕是非常辛勤的歌手，自朝至暮，几乎是很少时间休息的。有些鸟儿很娇贵，对它们的生活要照顾得周到，石燕却是一种最容易养的鸣禽，半盅红粟，一杯清水，就可以过一天了，三几天给它一片白菜，让它清清肠胃。石燕的全部生活，就是这样简单了。我差点儿忘记了，这是一种最喜欢洗澡的鸟儿，每天都要洗一次澡，我养的一只石燕用一只特制的平底宽大的水杯盛水,没空替它洗澡,它就会自己钻进去洗个痛快,洗过澡,歌声就格外清脆。

除了石燕,较多人带来的是相思。我们这里的相思就是外江人叫的绣眼——因为在眼睛的周围有一圈白色的羽毛,有如一个白圈,所以广东有些地方又叫它白眼圈,不过,外江的相思鸟却是另有所指的。广东的相思鸟也是一种比较易养的鸣禽,叫起来是“啾啾啾——啾”声的,一只公相思唱起来的变化很多,而且继续得很长,不过没有石燕唱得响亮。

那些带了大笼鸟来“吃草”的,大抵都是画眉居多,因为画眉比别的鸟更需要接触自然野趣和新鲜空气,愈是这样,它就唱得愈好;画眉的独唱抑扬婉转,音色之美,比它的毛色美丽得多。爱鸟家们都知道,画眉比石燕还要爱清洁,一天不洗澡它就不舒服,即使是最冷的天时也不例外,在北方,画眉只有在落雪那几天最冷的日子才暂停洗澡,一般人养画眉都有一个特制的洗澡笼子,让它自己洗,不必人去帮忙的。

画眉主要的产地是四川。外国人认为这是中国特有的代表笼鸟之一,它的歌唱在外国也是大大有名,有些外国朋友看到和听到画眉歌唱,就会情不自禁地联想到它的祖家——中国。

有些人家喜欢养鹦鹉或了哥。并不是因为要它们歌唱——事实上它们不会歌唱,而是因为它们会学人说话。养这两种鸟的情趣是由于它们饶舌。我们知道一般鸟类的舌是尖的,而鹦鹉的舌头却例外是圆的,细长而不像人的舌头那样扁平,因此它可以模仿人的简单发音。了哥也会学人说话,而且还会叫人。人们养鹦鹉是用小链子缚在鹦鹉架上的。了哥起先是养在笼子里,养熟了就可以放出来,让它自行觅食,就像养鸡一样。它几乎是什么东西都吃的，粗生得很。小时候我养过很多了哥，它在家里到处走，一会儿飞到我的肩膀上站着，一会儿飞到地面和小鸡争吃，它还可以叫我的名字。我曾经养过一只了哥甚至可以看守门口，陌生人来了，它就会不断地叫"揾边个？揾边过？"一听见它在门口这样叫，我们就知道有客人来了。不过，了哥有一点很讨厌，就是随地拉屎，所以在城市是较少人养的。养了哥到底是少年时代才喜欢的，到了后来，便要养会唱的鸣禽才觉得够趣味了。

有过很长的一段时间，有两种鸟的歌唱我最爱听，那就是白头翁和杜鹃。不知道是养不活还是关在笼子里就不再歌唱，从来没有人养这两种鸟儿的。这两种鸟在自然界里面的歌声一直留给我很深的印象，不过，在我们现在居住的这个城市，这种鸣声是不容易听到的。

我的少年时代居住的园庭有几棵大树。每天早上，都有一群灰褐色羽毛白头白胸的鸟在树顶"葛界、葛来——叽"地叫着，叫得很密，也很洪亮，每天都是在我还没起床就歌唱起来。一群飞去了，另一群接着又飞来，叫了好一会才飞去。当它们唱得起劲时，头上的一撮白色羽毛就竖起来，看去它白头的范围就似乎扩大了。白头翁我们是习惯叫"白头郎"的，它从来不在树的其他部分活动，专门在树梢跳跃，高高地站在树顶引吭高歌。后来我才知道，这是白头翁的性格之一。白头翁的白羽毛是随着年龄而增加的，年纪大了，头上的白羽也就愈大、愈多，"白头到老"这句祝贺别人结婚的话，就是这样来的。

当我听到杜鹃歌唱时，已经是离开听白头翁歌唱的园庭以后很久的事情了，在以前只是听说过，却没有听过。那是在四川乡下,当暮春以至初夏的时候,在早上,特别是在雨后阴天,时常会听到一种既柔美而又凄凉的鸣声:"咕咕——屋咕",那就是向来形容"不如归去,不如归去"的歌声。它喜欢站在高树上叫,人们只能在树下听,却不容易看到它的踪迹,因为它是要隐蔽起来才叫的。杜鹃一唱就很长久,从前有一种传说它一直叫到嘴里出血为止,甚至说它吐出来的血会一滴一滴洒到地面上来,这就是"子规啼血"。当然,这是不可能的。

虽然杜鹃是因为专吃毛虫对农林业有益而受着保护的一种鸟,虽然它会唱出了一连串富于诗意的歌声,但它的性格却一点也不可爱。杜鹃是一种最不善于处理家务也懒于做巢的鸟,快要下蛋了,它便飞到别的鸟巢里,当别的鸟不在家时偷偷地把蛋生下来,然后一飞了之,让别的鸟替它孵育;即使有时迫不及待在草地上生下来,也要把蛋衔到别的鸟巢放下来,以后的事便不管了。杜鹃,对于它的后代就是这样不负责任的。

一九六一年三月一日

鸟类

◎朱鸿

鸟是很多的，但我所熟悉的只有几种，它们生活于我的故乡，那是关中平原的一个村子，位于秦岭之北。现在我居住的城市，几乎就没有鸟，我要指出的是，我不将那些装在笼子的可怜的飞禽划归其中。鸟类是自然之链的一个环节，它像风一样，像雨一样，像星像月一样，像山冈和森林一样，像草原和马群一样，共同构成了万物生存的广阔背景，可笼子的飞禽是什么呢？是禁锢了思想的人而已。故乡的鸟全然不是这样，它们是任性的、纵情的，那里的长空、大地，那里的树木、房檐，那里的春光和秋色，形成了一个适宜鸟类的环境。在那里，鸟类的生活与人类的生活已经渗透，如果在某天它们蓦地从村子消失了，我想，那里的农民一定会感到寂寞的。

乌鸦的庞大的队伍，像黑色的旋风一般，突然腾空又突然降落，整个村子都处在它的覆盖之下，然后，几乎所有的树木都为之占据，像硕大的黑色的花。这是乌鸦刚刚进入村子的情景，那时候，透明的春天已从苍茫的宇宙蜕变而出，复苏的大地草色濛濛。乌鸦恰从南方来，将到北方去，我的故乡是它们的过渡地带，它们要在这儿生活一个阶段。没有人知道这个队伍庞大的程度，因为乌鸦栖息于很多村子。它们此起彼伏的叫声可能是一种呼应，是一种联系，但这苦了我们，乌鸦确实是太吵太聒了。它们给树上筑巢,一般是两只乌鸦一个工程,你来我去,寻找着线绳、羽毛和枝条,这是它们筑巢的材料。村子的一些古木,高高地挺拔于天上,显得农民的房屋很小很低,乌鸦临下俯视,一定是很得意的。其实,农民并不伤害它们,反之认为,众多的乌鸦来到村子,是丰收的征兆。不过,乌鸦在故乡孵化了子女并使之能够展翅之后就离开了,这时候,夏日正在从远方走来,天开始热了。乌鸦一定是有首领和纪律的,它们离开这里,绝对是统一行动,似乎一夜之间,就无影无踪了。此时此刻,辽阔的原野,一片安静,虽然树上的窝仍在那儿架着,但已经空了。乌鸦返回故乡是在秋天,它们依然是出其不意地进入村子,不过只是作短暂的停留,休整一下,就匆匆而去。

喜鹊,其特点是嘴尖、尾长,在黑色羽毛的包围之中,突出了肩部和腹部的一些白色,叫声响亮。故乡的人很欢迎这种生灵,认为喜鹊是吉祥的,它的叫声是一种好兆。我所看到的喜鹊,总是结伴的一雌一雄,或立足于房脊,或跳跃于树枝,像笑一样发出叫声,而且随之全身颤动,尤其它的尾颠簸得厉害。喜鹊是罕见的,但它却可能出现于任何一个季节。飞落于我家的喜鹊并不经常,可它引起的兴奋却十分强烈,不仅是我们这些孩子都要站在院子眺望,甚至大人也要跑出屋子观看。喜鹊究竟是否预示着美事,我不曾验证,然而我愿意相信它是吉祥的鸟,我违背不了习俗积淀下来的一种心愿。

依附于人类生活的麻雀,由于普遍的缘故,已经没有任何惊奇之感。它吃的主要是谷粒,其次为昆虫。麻雀将窝建在墙缝,建在瓦下,建在椽间。它是鸟类之中翅膀短小的一种,没有大的力量,不敢将窝筑于野外。它的窝一般像双手一掬那么大小,是不能经风经雨的。但麻雀有强大的繁殖能力,春夏之间,是它交配的黄金季节,一对麻雀,总要孵化五到六个后代,偶尔,一对麻雀会生育两窝。我曾经思考过动物某些问题,我认为,凡是质量低劣的动物,其生育能力都很强大,为了生存,它们以数量弥补自己的质量,不然,就会绝灭。那些刚刚孵化出来的麻雀,肌皮光秃,眼睛合闭,全身呈现着透明的桃红,伸着头顾盼。它们能感觉自己的父母噙着食物回来了,于是紧张地蠕动着,张着嫩黄的小嘴,依次接受父母的喂养。那样子是充满情意的,可幼小时候的我,却对这种情意不知不觉,我的伙伴与我,以残杀麻雀为乐。我们搭着人梯,一掏就是一窝,任凭众多的麻雀包围着我们焦急地愤怒地呐喊并哀鸣,我们不予理睬,统统摔死。甚至我们像鲁迅先生憎恶的玩弄老鼠的猫一样,让麻雀喝水、游泳、跳舞,如此这般的折磨之后而消灭。甚至我们拉着麻雀的两腿,一撕为二,然后观察它的心脏渐渐停息。不能杀生的观念像根一样扎在中国人的心中,但我们依然做了这样的事。残酷是人类的秉性,它与生俱来,只是理性掩饰了它,它才不那么猖獗,但它难以根除,它常常会改变形式而发作。人类是最智慧而最狠毒的动物,狠毒是它的左手,智慧是它的右手。不过麻雀是捕杀不完的,到了秋天,当谷物成熟的时候,你会发现它们简直是浩浩荡荡,几乎要吞噬遍布田野的谷物。在麻雀起落之际,成千上万只褐色的翅膀就连接起来,遮挡了天上的太阳。

大雁是可望而不可及的,它们总是从故乡的天空掠过,从不落下。它们排着整齐的行列,携着轻盈的白云,或者南来,或者北去。它们偶尔在蔚蓝的天空发出叫声,引得地面的农民抬头仰望。大雁的叫声是悲哀的、孤独的,不过那是一种崇高的悲哀和孤独。大雁似乎总是在飞翔,总是在寻找适宜自己生存的环境,永远处于奔波之中。大雁是疲倦的,仰望着天空的大雁,它的行列和它得以飞翔的辽阔苍穹,使我忧郁而沉默。

小燕是一种神化了的鸟,小巧玲珑,精力充沛,其翅膀尖长,尾巴分叉如剪刀,飞行迅速。它们的上体是乌蓝的,下体为白色,但仅为一带。小燕将巢筑于房子之中,这房子必须是高大的,宽敞的,不动烟火。它们双方轮番噙泥建巢,出出进进,行色匆匆。没有谁嫌恶小燕,任何人都不伤害这种生灵,而且长辈总是告诉孩子,谁捕杀它,谁就遭殃。我不曾看见哪个人用石头或瓦块打过它。故乡的原野,在春末夏初,是一片正在成熟的小麦,微风细雨之中,小麦的起伏如万顷波涛,飞行于波涛之上的,是乌蓝的小燕,它们张着翅膀,却不拍打,仿佛是沿着一条神秘的线在划动,于是空中就有了自由流泻的黑色的点。在濛濛的雨中,小燕喜欢呆在电线上面休息,那些水气使它们的羽毛更加光滑,更加剔透。

我曾经得到一个捕捉小燕的机会,这是我独处家里的一天,我完成了作业,发现一只小燕在房子里乱窜。它是一只正在离巢的小燕,不能自如地飞出窗子,飞到空中。我忽然忘记了不能捕杀小燕的教导,转身找来一根竹竿,并前后追赶它。我不敢将它打死,只想抓住它而养在笼子。娇嫩的小燕,在我的追赶之下,拼命飞逃,几次撞着了窗棂,可没有像我希望的那样跌落下来。房子的顶棚是用纸糊的,仓皇之中,它从破处钻了进去,这刺激了我,我一下挑开顶棚,使它暴露出来。这个房子一共三间,寂静的阳光从椽眼照射而入,这使我朦胧地感到一种恐惧的气氛弥漫其中,但我已忘乎所以,专注地捕捉，结果是，我当然抓住了这只小燕。它攥在我的掌心，却一点都不畏惧，我能感觉它全身都在鼓动。它喘着粗气，头来回摆动，明亮的眼睛东张西望，仿佛准备飞走。我静静地站在那儿，看着手中的小燕，竟不知如何是好。我没有扎住它的翅膀，也没有将它关进笼子，我只那么静静地看着它，然后，默默地走出房子，将它放了。随着一声美妙的清音，它一窜就融进天空了，我突然如释重负，尽管身后的房子已让我搞得一塌糊涂。

我只见过一次啄木鸟，我无意之中发现了它，它正在我家的后院啄食榆树裂缝的蛀虫。夏日的白雨之后，这里潮湿蓊郁，安谧阴森，我刚打开后门，就听见树林有一种木棒相击的脆响，我惊异这儿怎么出现这种声音，因为后院是没有人的。我寻找着，于是看见了啄木鸟。它用脚趾和楔形尾巴将自己支架在榆树上，那榆树扭扭曲曲，疙疙瘩瘩，布满了蛀虫制造的空洞。此时此刻，啄木鸟专心致志地寻找着蛀虫，它细长而坚硬的嘴，将榆树啄得咚咚直响。我悄悄地站在那儿观看，不愿打扰它，过了一会儿，我就退了回去。

猫头鹰凄厉的叫声，出现于黄昏和深夜，给静默的乡村注入了浓烈的恐怖，而且故乡的人，根深蒂固地认为，这是一种不祥之鸟。我不能描绘它的样子，但它却留给我很深刻的印象。它那古怪的嗓音，没有一次不使我小小的心儿收束起来，如果我是睡着听到它的叫声，是要将头装进被子的，我害怕厄运落在我的家人或我身上，我对此提心吊胆。好在猫头鹰的叫声是偶尔出现，不然，日子一定很难过，但也许它经常出现，反而使人的惊吓消失。然而，它是偶尔出现的。它的叫声，似乎有时候很远，像在天边，似乎有时候很近，如在窗外，无论是近是远,它都让人毛骨悚然。其实,猫头鹰是一种益鸟,它主要捕食老鼠和昆虫,对庄稼和树木有利。虽然我已明白这道理,但我对猫头鹰仍然害怕。在我小小的心中,科学竟不能驱逐偏见。现在想想,偏见如雾,一旦降落于地面,它就难以消散,除非是有太阳的照耀,雾才能退却。

鸟声

◎刁永泉

麦熟季节,我从城里来到乡间。旷远的天,丰厚的山野,舒展的麦垄,和畅的风与阳光,都和儿时一样,熟悉又新鲜;但总觉空寞一些,缺少了什么,却又说不清。

风在麦叶上索索弄响。已经有人在割麦了。沙滩上走来一个拾穗的孩子……于是从十分遥远的地方,从记忆的旷野里,隐约地响起了一声鸟啼——

噗咕噗咕……噗咕噗咕……

至今,我还是没弄清楚这鸟的名字。儿时,伙伴们都叫它"豌豆角角",或者直称它为"快黄快割"。这当然不算什么名字,只是摹拟它的叫声。它一叫,庄稼就快熟了,农民们就忙着到地里收割;而我,也就能走出小城,来到郊野,提了小筐拣豌豆,拾麦穗,或者拔麦根,满地里串。于是我便知道了:世间不只有喧闹的小城,还有山川田野、村舍草木、鸟兽虫鱼,以至于各种有趣的乡间游戏……我成了一个快乐自由的乡野的孩子,噗咕噗咕地呼叫着,在鸟声里追逐和漫游。

有时,我看见坐在麦堆上喝麦粥的老人和他的儿子媳妇,旁边站着的提土罐的女孩,神情和悦而憔悴。后来我读《诗经》,念着"同我妇子,馌彼南亩"时,总映现出这些纯朴的古风图,听到隐隐的鸟声。

有时,我拾到一穗麦,痴痴地瞅着,玩赏着,剥出麦粒来嚼,甜丝丝的,满口新香,化成一缕幽思,在田间缭绕……

噗咕噗咕……噗咕噗咕……

那鸟,竟如一个灵物一般叫了。刚刚在这一处林子里,一会儿又像在另一处林子里。它隐隐地响起,不高不低,平稳地在空间舒散,又悄然地隐没在田亩间,在深深的泥土里。音调低回、深沉、凝重,像山野一样旷远,像土地一样温厚,像庄稼一样和穆。那不是从喉管里挤出来、从舌尖上滑出来的声音,它并不使你震动和激奋,甚至也不使你喜悦和欢乐;它总像在一处离你很远的地方啼唤,它渗入你的心魂,引起某种深远的绵绵的思忆,使你的灵魂溶化,溶入土壤、阳光、庄稼和草木,连你也成了一声鸟韵……哦,它是大自然的信息,是大地的声音,是成熟的田野的诗韵。

我不禁凛然的战栗,充满了灵感。哦,这生长庄稼、养育万物的褐黄的土地,有着如此伟大的神秘的力量！为一种虔诚的神圣的情感所浸透,我默坐在田垄上,久久地不能自已……

如今,离开这块童年的土地,有三十年了,并且相去日远,仿佛到了别一个世界,往事差不多被岁月抹去了,只有这鸟声却深埋在生命的某个角落。

曾几何时,时间被切割成杂乱的碎片,空间也变得窄小而凝滞,日子显得淤塞和憋闷,由于不停地晃动,脚下感到虚而浮。有机界和无机界,各种音响混杂一起,飘浮而散乱、破碎而浑浊,仿佛全都失去了音调和音准,嗡然一片,反而成了无声的虚空。

鸟的叫声,自然也偶尔听到,黄莺的娇怯,紫燕的柔媚,云鹤的天外之音，麻雀的檐下之语，雄鸡在竹篱边高唱，乌鸦在荒林里聒噪，以及喜鹊的卖俏讨乖，鹦鹉八哥之类的变调和假嗓子；而雁的长唳，太悲怆；鹰的高鸣，太凌厉……唉，我那不知名、也从没见过的鸟儿，我却再无从听见了！

有一回，几个孩子在唱一支外国的儿歌：“小杜鹃，小杜鹃，我们请你唱支歌……噗咕噗咕，歌声使我们快乐……”这使我心动和忘情，但又觉得这不是我那种鸟，这叫声太单纯、太透明、太甜，还杂有园林味和海洋味。

后来，我从古诗文中知道，这鸟儿有许多名字。《离骚》中叹道：“恐鹈鴂之先鸣”，那鸟声中顿然有了伤春的叹息，迟暮的感慨；及读到“杨花落尽子规啼”时，又平添了人生的离愁别绪和沧桑变易的哀戚；再后，见到李商隐“望帝春心托杜鹃”的悲吟，那鸟声简直是一滴滴淋漓的血泪了！

而新的诗人们又说：它叫布谷鸟，在催促人们播种，它是春天的使者。当然这很有诗意，令人神往，萌动春心。但我总觉得多了一点清丽，少了一点厚实；多了一些稚嫩，而少了一些黄熟；多了几分轻逸，而少了几分沉稳。

嘘！竟全不是我儿时所听到的鸟声！

我怅然若失地在乡路上走了许久，因为听不到那鸟的啼声而深深遗憾，懊丧地坐在一处农舍前，向一位大娘讨碗水喝。

咕噗咕噗——咕噗咕噗……

听，它叫了，它是有灵性的，仿佛是我心灵的一点感应，它在很远很远的一处林子里，这还是我童年的那只鸟吗？音调还是那么深沉、低回、悠远，但更急切、更温厚、更挚情，有点怅惘，它像是失去了什么，在寻找着什么，呼唤着什么……近了，更近了，但又不知在哪儿，仿佛是一脉地气、一线阳光、一缕麦香……一听到这呼叫，我就觉得天地无比广阔深厚，而自己陡地小了许多，成了一个刚刚学会走路的孩子，赤着脚，光着脊背，在田野上奔逐，而那起伏的赭色的麦浪，就宛如一位中年农妇的皮肤似的，温软可亲。

“这鸟，有名字吗？”我问那大娘。

“没听说过。老辈人说，它的儿子出窝后，就飞远了，它就从早叫到晚，唤它儿子回来。”

是了，我立时记起，古传奇中确曾有过这典故，说这鸟的啼声像是“不如归去，不如归去。”

我蓦然失神地沉默，说不出的惆怅。

（1984年）

鸟与鸟们

◎朱苏进

这个故事也许你们听说过了，但我觉得我复叙出来和你们不一样。我还觉得，我下一次复叙出来也会和这次不一样。

那是镇上的一个鸟市，各色各样玲珑精巧的鸟笼悬挂在树阴下。画眉、百灵、鹦鹉、黄莺……争先恐后地发出婉丽的鸣叫，都想以自己的歌喉震古烁今，独领风骚。鸟们都存在这等心思都不肯寂寞片刻，所以，汇集起来的万千鸣响，恰恰愉悦了卖鸟和买鸟的人们，鸟们因为自己的歌声大噪而更快地被买来或卖掉。

一个老头托个蒙着布罩的鸟笼缓步走来，他摸索着把笼子挂上树杈，再除去布罩，微风拂来，霎时，笼中发出异常奇异的鸟鸣，一只鸟儿站在笼子当中，不飞不跳，竟如雕像一般。只那头颅，微微向天昂起，小嘴一张一合，仿佛抽搐地鸣叫不已。鸟们全部闭住嘴，不敢在这奇异的鸣叫前弄舌放声。人们惊讶了，这只普通的鸟儿怎能发出如此奇异的鸣叫呢？走近一看：它的双眼已被针刺瞎了！它死之将至，它蓄满痛苦，它一无所见，它全部生命都从口中倾泻出来，于是才有了如此辉煌的鸣叫。在它面前，已无鸟笼、绳索和其它障碍，也无谷米与净水，它无所见也便无所有，它绝对自由也便绝对痛苦，它是鸟也已非鸟，它求生不能求死不得，因此被迫逾越了生与死,因此天赋之体才被迫发出天赋之声,乍听是悲音,再听又如狂喜……它使得四周价抵千金的鸟们黯然失色,然而它却卖不出去,它分文不值。

……那是在鲁迅文学院一个夜晚里,赵本夫把这个故事告诉我,我被骇住了,和鸟们一样钳口不言。倘若不知道它,我想生活会轻松得多。

我以为这个故事已经完结,臻于极境的东西绝然难以为续。不曾想,半年后,我在七十九次特快列车上,又听到了这故事的下半部。

我对面铺位是个老头,操沪音,齿间漏风。上海至昆明两天两夜里,他大部分时间都在凭窗眺望。后来我们渐熟,才知他此生大半在西南度过,此行赴滇乃平生最后一次,去旧境与故人做别,尔后则各守天命不复谋面了。断断续续的旧事从漏风的齿间洒落,老人言语极简练,也颇惊人。如,抗战期间,蒋氏重庆政府之所以能苦战不降,赖有一条中缅公路,美援循此路源源而来,中缅公路上奔驰的数千辆美制道奇大卡车,竟有一多半是他的。昆明市第一条柏油马路,也是他出资铺设的。车入云贵之后,老人不时朝窗外指点,告我某厂、某矿五十年前旧事。凡指点处,当年也是他名下资产。随后,他信口谈及些轶闻奇物,其中便有这只鸟儿。

在一个土司家里,他见到一只硕大的八哥。他问土司,西南珍禽无限,何必专饲一只八哥,且置于大厅之侧。土司笑道:“你朝它鞠一躬。”他便依言朝八哥深深一拜。未及直腰,那八哥就在笼中朝他一纵身,扬头说话:“余致力国民革命凡四十年,其目的在于求中国之自由平等……”竟将一大篇孙中山的《总理遗嘱》背诵出来,洋洋洒洒,毫无错乱,当有标点符号处,也知停歇换气。这本事,怕连当时一大批总理信徒也不能够。他大惊之余,连连称奇,便要购下此鸟,带回家中赏玩。一问价,黄金四十两。他身只有二十余两,怅然而归。

老人笑道:“这是我平生所见第一奇鸟。还有第二奇鸟哩。”顾自说去。

我已心神迷乱,胡想:原来国人对待主义一类,是历来痴迷的。自己痴迷不算,还要珍禽异兽也随之痴迷。这鸟儿虽是奇鸟,但发出的却不是自己的声音。偏偏又因它发出的不是自己声音,才值得四十两黄金。倘若它果然发出自己的声音,唧啾不已,自以为千娇百媚,却又不值什么了。

前后两只奇鸟,究竟是鸟非鸟?

望着鸟儿回想往事

◎韩振远

我在草地上睡着了,如今能在草地睡上一觉的人不会很多。我醒来的时候,听见耳畔有一阵阵的鸟鸣声。这本该是诗一般的仙境,但我不喜欢,我朝那棵树发出一声怪叫,所有的鸟叫声就都停了下来,而我的声音还在袅袅回荡呢！周围顿时如我睡觉前一样宁静。不一会儿,又有几声鸟鸣,像一群叽叽喳喳惹人烦的孩子被大人叱骂后,又忍不住小声嘀咕一样。我捡起一块土,奋力朝那边掷去。土块划了一道弧线,和枝叶碰撞出哗哗的声音,一群鸟忽地从绿叶间飞出来,在蓝天中变成一个个黑点。

我只是想让鸟儿离开那棵树,并不是要真的伤害它们。人类为了自己的需要,对任何动物都可以这样霸道。那群鸟大概不理解这一点,它们在空中潇洒地盘旋,又像一颗颗弹丸般飞回到了那棵树上,栖在枝头,朝我这里看。这棵树也许是它们的家,也许是它们飞行途中的一个临时歇脚的地方,也许它们正在这里举行一次热闹的聚会。但它们妨碍了我睡觉,我也妨碍了它们平静快乐的生活。它们一定把我当成了敌人,这不光因为我袭击了它们,更主要的是因为我是个能直立行走的人,不远处有一头健壮的牛,刚刚也对着这棵树长哞一声,气壮如虹,鸟儿却没有停止啁啾。鸟儿对人类的敌视,这会儿都让我一个人承担了。它们再开始嬉闹的时候，说不定会派一个机警的鸟做哨兵，去监视树下的那个坏蛋。

我知道，如果没有我的恶作剧，这群鸟过上一阵也会离开那棵树。鸟儿不能老栖在树上啁啁啾啾叫，就像我不能老躺在草地上睡觉一样。不同的是一会儿我要无精打采地回到我的书房去字里刨食，鸟儿却是快乐悠闲地飞翔在天空。它们的飞翔与我无精打采地走路，目的完全一样，都是要去觅食。这一点，人和鸟没什么两样。

我得承认，我从来没有喜欢过鸟，甚至可以说刚才朝鸟扔土块，是我潜意识中对鸟的敌视。要还在少年时，刚才扔过去的土块，说不定会击落一只鸟。我从小生活在农村，和农民们一样，对于除了家养禽畜以外的动物从来都没有好感，比如野猪、野兔、狐狸、黄鼠狼，当然还有鸟儿。农民对付这些动物，通常采用的是捕杀和驱赶两种办法。我才十一二岁时，就已经多次做过这样的事，我捕杀鸟儿的工具是一支弹弓。那时候的男孩子几乎个个都有这种说不上是玩具还是武器的东西。但我更愿意把它看成是一种武器。这种用树杈和橡皮条捆扎而成，用石子或砖块做弹丸的武器，伤人是犯忌的，会招来许多麻烦。可以随意射击的唯一对象只能是鸟儿。它们是一群活动着的目标，让人能够得到击中时的快乐和射失时的懊恼，从而获得乐趣，不会像打电杆上的瓷瓶那么乏味。当我从树杈上或电线上击落一只麻雀或者燕子时，就像士兵在战场击落一架敌机一样自豪。到了十三四岁，在我有了力气能够下地干活的时候，弹弓就自然地从我的生活中消失，但有机会，我还是喜欢用石子瓦片去投掷栖在树上的鸟，这不知是人的天性，还是一个少年的无聊。有一次，刚刚收了麦子，累得人死去活来，我躺在一大片金黄的麦粒上准备好好睡上一觉，我原本是被派来看护这些麦子的，我实在太累了，觉得在厚厚的麦子上睡觉是很舒服的事。在入睡前，我没忘记在身旁放一些砖块，以便随时打击那些来偷食的鸡或者猪。我放心地睡了，正当朦朦胧胧之际，一阵欢快的鸟叫声打扰了我。我睁开睡眼，摸起了身边准备好的一块石子，狠狠地朝那边掷去。随即，便看见一群鸟儿呼地飞上了天空，一只黑黄相间的鸟在地上扑腾翻滚。我并没有起来，很快就呼呼大睡。被换班的人叫醒来后，我看见那只鸟已经死了。我走过去，提起死鸟的翅膀，用力掷向麦场外面，就回家吃饭去了。

眼前的这群鸟，如果知道我的这段经历，还会又回到这棵树上吗？它们会像人类对待一个杀人不眨眼的恶魔一样小心翼翼，避之犹恐不及吗？

鸟儿的可悲之处，就在于它们永远像一群天真顽皮的孩子。它们永远不会真正明白人类是一种什么样的动物。尤其是春天的鸟，刚刚从寒冷饥饿的冬天熬过来，浮躁得很，阳光温暖得让它们只想着谈情说爱交配生子，没心思去理会人，我刚才的那一投，也许会让它们感到猝不及防，大吃一惊，但过上一会儿就忘了。到了秋天，它们表现出的是另一种天真，那时候，天高气爽，田野里有它们享受不尽的食物。蔚蓝的天空中，经常会有鸟儿在悠然飞翔，有时候还会找人来寻开心。我曾多次碰见过这样的鸟。记得一年秋天，谷子成熟了，黄澄澄的谷穗肥大得让人心花怒放。鸟儿也来了，一个个都是兴高采烈的样子，围着谷子地飞舞，然后，隐入谷子间，歪着小巧的头，唱着快乐的歌，上下跳跃。我和几个还算不得劳力的毛头小子要做的事就是把这些鸟赶走。我们在谷子地装上了许多假人后，又从家里找来破脸盆。看见鸟飞来了，一面怪叫，一面叮叮当当地敲。地里煞是热闹，鸟儿一会儿东，一会儿西，一会儿飞起，一会儿落下。我们跟着鸟儿不停地奔跑，听着耳畔呼呼的风，觉得也快像鸟儿一样飞起来了。鸟儿仿佛知道我们奈何不了它们，任你敲，任你叫，也仅仅是飞上飞下而已，好像和人捉迷藏。

许多年后，我读《诗经》时看到过这样的句子："黄鸟黄鸟，无集于谷，无食我粟。"原来，古人也曾遇到过这样的事，但那时的鸟儿大概还很神圣，人类只能发出些哀怨。前几天，我又读到了相同的故事，那是萧乾写的一篇回忆性文章，一九五八年四月十八日，是萧乾被打成右派后离开北京的日子，那天晚上，北京全市出动赶麻雀，方法是一边挥舞竹竿和木棍，一边狂呼乱喊，赶得麻雀没有藏身之地，企图让麻雀飞得没有了力气时，自己掉下来一命呜呼。萧乾说："所以，那天晚上走过大街小巷，家家都在赶麻雀。我就是随着麻雀，从自己的出生地被赶了出去的。"读到这里，我感到有些悲伤，又感到一些好笑，好笑的是一国之都的人怎么竟和我们用的是同一种方法。

看见鸟儿在天上飞，我想到的也不光是把它们射杀下来。大雁南飞，我会想到当小学生时学会的课文，"一群大雁往南飞，一会儿排成个人字，一会儿排成个一字。"很美好。小时候我常常仰着头，望着天空的大雁这样傻想。如果我一辈子总能这样充满着美好的遐想，我一定是个无忧无虑的人，可惜后来，望见大雁时，我还会想到别的。有一年冬天，我天天背着筐去捡雁粪喂猪。站在麦田里，望着排成队的大雁飞过，我希望大雁能很快落下来，我就可以少跑些路，把它们拉下的绿色固状物捡回去。如果大雁飞远了，我只能背着筐，朝更远的麦田赶去。落在麦田里的雁群,远望去,像一片灰白色的湖泊,我只需跑过去,那片湖泊马上就会消失,留下许多雁粪等着我去捡。一次,当我走向雁群时,听见了雁群里一声鸣叫,接着所有的雁都伸长了脖子,警惕地朝这边看。我打扰了它们,让它们把注意力都集中到了我身上。雁群的另一面,一个汉子端着长长的鸟枪,也在悄悄向雁群靠近,突然,一声怪叫,雁群惊恐地飞起来,遮天蔽日,翅膀的抖动声忽忽作响,像袭来一阵风,间杂着雁恐惧的尖叫,分明是有灾祸临头。果然,枪响了,雁毛如雪片般纷飞,几只正要飞向天空的雁扑塌塌落了下来,在麦田上挣扎,几次想重新飞起来。打雁人飞奔过去,扭起一只只雁脖子,吊到自行车两旁。那时候,田野上有许多这样的打雁人。打回了雁,宰好,拿到集市上去卖。我曾经吃过雁肉,有股麦苗味,并不怎么好吃。那回,打雁人可能因为收获颇丰,一高兴,告诉了我一个打雁的诀窍。原来,只有等大雁飞起来时再开枪,命中率才高。这样的经验,我以后一直没机会用。打雁人除了打死了一些雁,还会有一些霰弹击中其它的雁。这些雁飞着飞着,就会掉队,成为一只孤雁,在天空中一边飞,一边发出哀鸣声,让许多旅人游子感叹。

我后来也积累了自己的经验,虽然不是去打雁,但和打雁人的目的完全相同。鸟儿为生存而觅食,是它们的本能,当人为了生存而不得不在鸟儿身上动脑筋时,显然是什么地方出了问题。

有一年夏天,我每天晚上,都要去捉麻雀。那时,我已经是个二十岁出头的成年人,知道了生计的艰难,不可能再去捉麻雀玩,再说麻雀也没什么好玩的。镇上的一家外贸部门大量收购麻雀,五分钱一只,听说是往某国出口。这对像我这样干一天活只能挣两三毛钱的农民，具有相当大的吸引力。那些天，各村的年轻人，每天晚上都在贪婪疯狂地捕杀着麻雀。鸟儿在天上飞时，人很不容易捕捉，而一到晚上，鸟儿和人一样也要休息，这是捕捉麻雀的最佳时机。我们捉麻雀，用的方法很直截了当。找到麻雀窝后，先搭好了梯子，用手电筒照着窝里的麻雀。雪白的电光，使麻雀瞪着圆圆的眼，完全不知所措，成了呆鸟，一动不动，只需伸出手去，一把就能掏出好几只来。这样捕鸟，要冒很大的危险，有时会掏出一条粗大的蛇来，可能是那会儿蛇也正准备袭击鸟儿，就像两队强盗为抢劫同一个目标相遇一样，会两败俱伤。好在我们没遇到过这样的事，而且收获颇丰。每天晚上，我们都能捉到三五十只麻雀，换回相当于在田里干好几天活的收入。后来，当村里的麻雀渐渐少起来，用这种方法再也捕不到麻雀时，我们又用了一种更为残酷类似于灭绝种类的方法。

一天清晨，我发现一群麻雀竟从地下飞了出来，这种鸟儿汇成的喷泉一直持续了几分钟，如今，已经过去二十年了，一想起来，我仍然觉得那是一幅很美丽的景观。那里是一口机井。在天上飞翔的鸟儿竟然栖在地下，这不知是由于肆无忌惮的捕杀逼得麻雀无处藏身，还是麻雀本来就有这种习性。当时我只是像饿狼望见了羊群一样，一阵阵地狂喜，并没有想这么多。晚上，我沿着机井壁上悬挂的梯子下到井里，几个伙伴在上面用一张网把井口罩上，等我在下面开始哄赶后，一群麻雀在我的面前扑塌塌地开始往上飞，钻进上面张好的网里。只这一网，捕到的麻雀就有几百只。

这会儿，望着树上的鸟儿，我想，它们也许正是那些麻雀的后代，鸟儿的后代如果也像武侠小说中劫后余生的侠女侠士一样，要来报仇的话，会把我们这些滥杀无辜的刽子手怎么样？我想，我应该像德国总理勃兰特跪在犹太人墓前那样，跪在这群鸟儿面前忏悔，祈求它们的宽恕。我知道，鸟儿永远不会像人类那样冤冤相报，而大自然，却常常代替鸟儿向人类复仇。那回，不知鸟真的是被斩尽杀绝了，还是它们远远地离开了我们那片土地。第二年，家乡的土地上几乎看不见了飞鸟。结果，连续几年，虫灾泛滥，地里不论种什么庄稼，刚一有了苗，就被噬咬得千疮百孔，谁也弄不明白，为什么农药越配越重，虫子却越打越多。棉铃虫，食心虫，还有各种各样从没有见过的怪虫，个个都像刀枪不入一般，让人奈何不得。再后来，就用上了昂贵的进口农药。有一个充满想象力的故事，曾经在乡间广泛流传。说是某国为了让中国人进口他们生产的农药，先在中国大量收购麻雀。等中国的麻雀绝了迹，虫子没有了天敌，虫灾泛滥得没法收拾时，就不得不进口他们的农药。放到现在，这是一个很好的商战故事。仔细一琢磨，就会觉得大概只有人类才能编出这样的故事，一次对鸟的屠戮，责任就这么喜剧性地推给了别人。

鸟儿在天上飞，给了人以想象和快乐，还给人类免去了许多灾难，却正是因为人，它们才活得一天比一天艰难，和人类共同生存在这个星球上，它们除了要经受饥饿寒冷，还要时刻警惕来自人的攻击，常常会因食而亡。只有诗人的鸟和他们的诗一样，世世代代地活了下来，永远那么美好。也只有诗人的鸟是那么强大无比，让人不光无可奈何，而且心生畏惧。如果鸟儿都像庄子的鸟，直冲九霄，抟扶摇而上九万里，大若垂天之云；如果都像《一千零一夜》中辛巴达遇见的那只鸟，下的卵像座宫殿，攫取大象来喂雏鸟，人又能把它们怎么样。后来诗人笔下的鸟就没有这么强大了，济慈喜欢夜莺，雪莱喜欢云雀，刘禹锡喜欢飞入寻常百姓家的燕子，杜甫喜欢鸣翠柳的黄鹂和飞上青天的白鹭。再后来，人们眼里就只剩下鹦鹉、鸳鸯之类乖巧的小鸟了。

那群鸟儿并不知道我在这么想，它们在树上叽叽喳喳地叫，忽然，一起停了下来，接着又一起飞走。这回，我并没有打扰它们，可能是它们商量好了，决定要到某个地方去。我也慢慢往回走。望着远去的鸟，我胡乱地想，人要是也能长一对翅膀就好了，那样的话，这世界不知道会是个什么样子。随即又想，在这个人与自然共存的世界上，人什么都有了，没有必要羡慕鸟的那一对翅膀，况且，人飞在天上，一定不会像鸟儿那么美丽。

（2001 年）

鸟儿飞过

◎丹增

星期六的早晨，城市还在慵懒的昏睡中。昨日的喧嚣已被夜晚掩埋，都市的天空终于有了难得的片刻宁静。像往常一样，我早早地起床，独自到院子里晨练和散步。院子周围都是林立的高楼和宽阔的马路，我总感到它们比过去藏区的雪山和峡谷更要令人望而生畏。尽管高楼、马路、霓虹灯是繁荣、发展的标志，可我怎么也产生不了爱心和敬意。我越来越怀念、向往宽阔的草原、巍峨的雪山、茂密的树林和闪亮的星星、明亮的月光。虽然高楼的森林里没有野兽出没，宽敞的街道上人头攒动，车流如水，但我相信许多人对喧嚣都市的恐惧，甚于当年马帮们对雪山上的风雪和河谷里的激流的担忧。往昔那些勇敢的马帮，当他们历尽艰辛，翻上雪山垭口时，扯开嗓子放歌一曲，感天动地，响彻行云，百兽回应。那是何等的气概和豪迈。现在都市中的所谓成功者，谁有这份胆量呢？你站在繁华的十字路口由着自己的性子喊一嗓子试试，不被人当成精神病，算你幸运。

我的天地很狭小，但还算独立、安静，有点“结庐在人境，而无车马喧”的意味——仅仅是有一些而已。院子里有几棵树，不高；有一些花，不算珍稀；有几片草坪，也不算大，但这就是我在都市生活中的环境、生态、“自然之趣或仙境”了。

每当我徜徉其间时，我常常将几株仅比人高一些的树木想象成茂盛的森林，将比巴掌大一点的草坪想象为辽阔的草原。唉，现代都市中的人们就是这样在钢筋水泥的挤压下，在一片绿叶中感悟春天的脚步，在一朵鲜花中享受人生的美好。

就在这个周六宁静的清晨，一群鸟儿——大约有八九只——似乎是舞动着绚烂的晨曦降落在院子里的树梢上，婉转清脆的鸟鸣令我欣喜。嗬，鸟儿！嗬，都市稀罕的客人！嗬，来自远方的尊贵朋友！我几乎要对它们高喊。

我静静地站在那里，对树上的鸟儿们行长久的注目礼。它们在树梢上跳来跳去，啁啾不停，似乎在对树下呆望的那个人评头品足，又像是在回应我心中的感动，尽情地在我的面前展示它们的自由与快乐；高贵与傲慢；或者，是在询问我：尊敬的主人，我们可以在你这儿栖息一会儿吗？

我仿佛听懂了鸟儿们的话语，乐颠颠地返身回屋，找来米粒，散播在树下的草丛中。然后悄悄退回屋内，从窗户里静静地观望外面。那时我真心地祈祷：下来吧，可爱的鸟儿们，请接受一个市民诚心诚意的款待。你们是我们的朋友，是尊贵的客人，但愿你们也把我当朋友。

也许是我的祈祷起了作用，也许是那群鸟儿们真的饿了，它们发现了院子里的食物，开始在院子里低空盘旋。它们从树上一划而过，似乎并不急于降落下来。我知道这是由于鸟儿们曾经被城里人捕杀怕了，对聪明的人类总是心怀戒备。纵然它们是在天空中自由翱翔的精灵，但是天上有无情的网大张着网口，地上有无数枪口、弹弓瞄着它们，没有教养的孩子们追逐着它们的身影，使它们在飞行中也难逃厄运；还有不张网不打枪的，在地上撒一些食物作诱饵，然后玩上一出“请君入瓮”的小小把戏。人们的这些小聪明玩到最后,便使这个星球上的所有生灵——从大象、老虎、豹子,到一只小鸟——都躲开我们远远的,把最后的孤独留给人类自己去品尝。

我在静静的等候中期待着鸟儿们的信任。也许我院子里的树木还不够高大、不够茂盛,鸟儿们认为它们过于寒碜;也许我的草坪太狭小,鸟儿们也认为这不是一个值得留恋的乐园。在拥有广阔天空的自由的鸟儿面前,我们活得多么促狭啊。

我的思绪忽然回到了五十多年前的童年,那时我家四周那片遮天蔽日、郁郁苍苍的森林里,岂止是几只鸟,那羽毛丰满、红冠白胸的野鸡成千上万!又岂止是只有鸟,而是各种动物出没其间。岩羊、獐子、狗熊,数不胜数。可那时我是多么厌恶这一切,不仅讨厌这些动物,还憎恨那片森林。因为森林才有鸟兽,因为鸟兽太多,使人害怕。我曾憎恨,因为森林挡住了我的视线,让我看不到外面的世界。我常常要爬到树梢处,才看得见峡谷里的怒江。大人们说怒江的下游就是汉地,我总在设想流到汉地的怒江,该是个什么样子,是不是也像我们这里那样切割纵深,水流湍急?我曾更恨死了森林里的动物们,使它们更是令我不胜其烦。那些羽毛漂亮的野鸡就像是我们家养的一样,天天从森林里飞到宅院里见什么吃什么。由于我的父母和四周相邻都是虔诚的佛教徒,从不杀生。不但不捕杀它们,还让家中的人拿出食物施舍给这些不速之客。可是野鸡们并不领情,它们还常常偷吃一些不该吃的东西。在有重大的宗教节日时,家里请人做许多的供果,以供奉给佛堂里的诸佛菩萨。这些称作“朵玛”的供果做好后要放在院子或阳台上晾晒干,每逢此时,野鸡们便嗅着“朵玛”的清香翩然而至。那时如果碰上家中人手不够,父亲就指派我去守护晾晒的“朵玛”,驱赶贪嘴的野鸡。对一个孩子来说,那真是一件苦差事,从太阳出来到日落西山,我都不能去玩,也不能随便走开。这边的野鸡轰走了,那边又飞来一群。我在院子里追着野鸡的屁股东奔西跑,累得气喘吁吁,还常常完不成家里交代的任务,换来一顿批评。我也是不可以杀生的,但我面对猖狂偷吃“朵玛”的野鸡们,总会咬牙切齿地喊:“叫你们吃,叫你们吃,我要杀光你们!我要把你们的毛全拔光!”

不幸的是,我童年时期的“咒语”在多年以后竟然全都得以实现。我到内地读书后第一次回到家乡,正是“文化大革命”肆虐华夏大地之时,即便像西藏这样高寒缺氧之地也未能幸免。横扫“牛鬼蛇神”之风,“破旧立新”之势越过高山峡谷,传到穷乡僻壤。我回去看到的家只是断壁残垣、荒草凄凄。巍峨的寺院,宽大的佛堂早已荡然无存。更令我吃惊的是,我家周围那片郁郁苍苍的森林,就像一块不翼而飞的翡翠,早已无影无踪,只留下裸露在蓝天下的荒凉山冈。原来人民公社在河谷里办了一个砖瓦厂,成千上万块砖倒是烧出来了,一整片森林却进了砖瓦厂的窑炉。那些曾经以森林为家的各种动物们,不是被赶尽杀绝,就是迁徙他乡,真可谓“皮之不存,毛将焉附”啊。记得那时我坐在往昔繁华的废墟上,举目张望,眼前空无一物,再没有参天的大树遮挡,也没有森林里的飞禽走兽干扰。我的视线可直达怒江河谷的对岸,一派天苍苍、野茫茫的洪荒景象。这就是我儿时的愿望吗?我厌恶过的森林在哪里?我憎恨过的动物们又去哪里了?那是一次尴尬的故乡之旅,直到今天还让我难以释怀。难道这苍天古树、这野羊野鸡也都是“牛鬼蛇神”吗？也都得进行“革命”的洗礼吗？

噢，现在我多么期望有一只野生动物飞到我的院子里来啊，哪怕只是几只普通平常的麻雀。我将专供小鸟吃的小米装在白色瓷盘里，小心翼翼地放在院子里那些显眼的地方，急切地企盼着。看哪，我真幸运，它们在我的忏悔中飞来了，一只勇敢的鸟儿率先落在盘子附近，它警惕地四处张望，良久，才一步一步地走向自己的食物，啄一口，抬起头来看看，又再啄一口，又到处看看，最后紧啄几口，飞走了。

紧接着，一只又一只的鸟儿飞下来了，它们叽叽喳喳，又小心谨慎。我把最先来啄食的那只鸟儿命名为“带头兵”，我对它感激不尽，它是鸟群中第一只敢来吃食的鸟，就像我们人类第一个敢吃螃蟹的人那样伟大。

看到鸟儿们自由自在地在院子里漫步、啄食，我的内心深处忽然感受到某种难以名状的巨大震撼，那不是巨石投入到平静的湖面里的震撼，而是一种宁静中的震撼，甚至比童年时期我得到的任何一种快乐、任何一种稀物所感受到的冲击还要强烈。人与自然，人与动物其实相隔得并不遥远，要建立起某种亲密无间、相互信任的关系，其实也并不困难。事在人为啊。人类已经可怜到唤回几只鸟儿也不易的地步啦，而当初我们是怎样对待动物的生命、植物的根基、生物的生灵的呢？现在几只鸟儿落地吃食，有人已经感到莫大的荣幸。我帮助了应该帮助的人，我为社会做了点有意义的事，都会让我感到荣幸。可我从来没有想到过，几只前来啄食的普通鸟儿，也会给我带来感动和荣幸。

从那天以后，我天天在我的小院子里摆上一些食物和水。

在都市里养鸟的人,大都把鸟儿养在笼子里,而喂那些天上自由飞翔的鸟儿,则又是另外一番情趣和享受。那几棵小树上,前来栖息的鸟儿越来越多,它们分清晨、上午、傍晚三次光临我的寒舍,已把院子里的食物当成自己一日三餐的盛宴。来得最多的一批竟有四十多只,大约有三种类型。它们都不属于羽冠漂亮、啼声婉转的鸟儿,但是它们是我最尊贵的客人。每逢节假日,我会搬一张凳子坐在院子里的阳光下,期待我的朋友们大驾光临。它们享受我提供的美食,我享受它们带给我的自然、原始、生态的美感,我们共同分享一段宁静和谐的时光。诗仙李白有"众鸟高飞尽,孤云独去闲"的千古绝唱,我有"相看两不厌,唯有人与鸟"的满足和惬意。我倾听它们的鸟语,用温热的目光抚摸它们的羽毛。它们悦耳的絮语,让我忘记了工作的烦恼,它们闲庭信步的姿态,使我回忆起童年时那些森林里的动物朋友;它们轻盈优雅的步履,总是步步跳在我的心中,它们自由翱翔的翅膀,总是轻轻带来我遥远的梦。我总觉得我为它们做的很少,而它们带给我的却很多很多。唐朝诗人杜牧有"好树鸣幽鸟,晴楼入野烟"的佳句。我的树木不够高大,我的庭院也不够幽深,这些鸟儿们却从不嫌弃。只是鸟飞天外,人在城中,我时时为它们牵肠挂肚,不知道它们晚上宿哪里,也不知道它们会不会中了猎手的枪弹或圈套,还担心它们能不能抵御这城市上空越来越糟糕的污染。

有时连我也闹不明白自己的这种心态,我的人生已经快走到耳顺之年,我的足迹也已遍及世界各地,经历了太多的事,见识了太多的人。承受了不少失败的痛苦,也分享了无数成功的欢乐。但有一点却是我心中永远挥洒不去的情结,也是我发自内心深处想要告诉别人的:保护生态,莫污染环境,这地球是我们的家,也是子孙的家,破坏不得。我们需要一个和谐、宁静、自然的家。

(2006 年)

谈养鸟

◎周作人

李笠翁著《闲情偶寄》颐养部行乐第一，“随时即景就事行乐之法”下有看花听鸟一款云：

“花鸟二物，造物生之以媚人者也。既产娇花嫩蕊以代美人，又病其不能解语，复生群鸟以佐之，此段心机竟与购觅红妆，习成歌舞，饮之食之，教之诲之以媚人者，同一周旋之至也。而世人不知，目为蠢然一物，常有奇花过目而莫之睹，鸣禽阅耳而莫之闻者，至其捐资所买之侍妾，色不及花之万一，声仅窃鸟之绪余，然而睹貌即惊，闻歌辄喜，为其貌似花而声似鸟也。噫，贵似贱真，与叶公之好龙何异。予则不然。每值花柳争妍之日，飞鸣斗巧之时，必致谢洪钧，归功造物，无饮不奠，有食必陈，若善士信妪之佞佛者，夜则后花而眠，朝则先鸟而起，唯恐一声一色之偶遗也。及至莺老花残，辄怏怏如有所失，是我之一生可谓不负花鸟，而花鸟得予亦所称一人知己死可无恨者乎。”又郑板桥著《十六通家书》中，《潍县署中与舍弟墨第二书》末有“书后又一纸”云：

“所云不得笼中养鸟，而予又未尝不爱鸟，但养之有道耳。欲养鸟莫如多种树，使绕屋数百株，扶疏茂密，为鸟国鸟家，将旦时睡梦初醒，尚展转在被，听一片啁啾，如云门咸池之奏，及披衣而起，颒面嗽口啜茗，见其扬翚振彩，倏往倏来，目不暇给，固非一笼一羽之乐而已。大率平生乐处欲以天地为囿，江汉为池，各适其天，斯为大快，比之盆鱼笼鸟，其巨细仁忍何如也。”李郑二君都是清代前半的明达人，很有独得的见解，此二文也写得好。笠翁多用对句八股调，文未免甜熟，却颇能畅达，又间出新意奇语，人不能及，板桥则更有才气，有时由透彻而近于夸张，但在这里二人所说关于养鸟的话总之都是不错的。近来看到一册笔记钞本，是乾隆时人秦书田所著的《曝背余谈》，卷上也有一则云：

“盆花池鱼笼鸟，君子观之不乐，以囚锁之象寓目也。然三者不可概论。鸟之性情唯在林木，樊笼之与林木有天渊之隔，其为犴狴固无疑矣，至花之生也以土，鱼之养也以水，江湖之水水也，池中之水亦水也，园囿之土土也，盆中之土亦土也，不过如人生同此居第少有广狭之殊耳，似不为大拂其性。去笼鸟而存池鱼盆花，愿与体物之君子细商之。”三人中实在要算这篇说得顶好了，朴实而合于情理，可以说是儒家的一种好境界，我所佩服的《梵网戒疏》里贤首所说“鸟身自为主”乃是佛教的，其彻底不彻底处正各有他的特色，未可轻易加以高下。抄本在此条下却有朱批云：

“此条格物尚未切到，盆水豢鱼，不繁易浛，亦大拂其性。且玩物丧志，君子不必待商也。”下署名曰於文叔。查《余谈》又有论种菊一则云：

“李笠翁论花，于莲菊微有轩轾，以艺菊必百倍人力而始肥大也。余谓凡花皆可借以人力，而菊之一种止宜任其天然。盖菊，花之隐逸者也，隐逸之侣正以萧疏清癯为真，若以肥大为美，则是李勣之择将，非左思之招隐矣，岂非失菊之性也乎。东篱主人，殆难属其人哉，殆难属其人哉。”其下有於文叔的朱批云：

"李笠翁金圣叹何足称引，以昔人代之可也。"於君不赞成盆鱼不为无见，唯其他思想颇谬，一笔抹杀笠翁圣叹，完全露出正统派的面目，至于随手抓住一句玩物丧志的咒语便来胡乱吓唬人，尤为不成气候，他的态度与《余谈》的作者正立于相反的地位，无怪其总是格格不入也。秦书田并不闻名，其意见却多很高明，论菊花不附和笠翁固佳，论鱼鸟我也都同意。十五年前我在西山养病时写过几篇《山中杂信》，第四信中有一节云：

"游客中偶然有提着鸟笼的，我看了最不喜欢。我平常有一种偏见，以为作不必要的恶事的人比为生活所迫不得已而作恶者更为可恶，所以我憎恶蓄妾的男子，比那卖女为妾——因贫穷而吃人肉的父母，要加几倍。对于提鸟笼的人的反感也是出于同一的渊源。如要吃肉，便吃罢了。(其实飞鸟的肉于养生上也并非必要。)如要赏玩，在它自由飞鸣的时候可以尽量的看或听，何必关在笼里，擎着走呢？我以为这同喜欢缠足一样的是痛苦的赏鉴，是一种变态的残忍的心理。"(十年七月十四日信。)那时候的确还年青一点，所以说的稍有火气，比起上边所引的诸公来实在惭愧差得太远，但是根本上的态度总还是相近的。我不反对"玩物"，只要不大违反情理。至于"丧志"的问题我现在不想谈，因为我干脆不懂得这两个字是怎么讲，须得先来确定他的界说才行，而我此刻却又没有工夫去查十三经注疏也。廿五年十月十一日。

一只小鸟

——偶记前天在庭树下看见的一件事

◎冰心

有一只小鸟，它的巢搭在最高的枝子上，它的毛羽还未曾丰满，不能远飞；每日只在巢里啁啾着，和两只老鸟说着话儿，它们都觉得非常的快乐。

这一天早晨，它醒了。那两只老鸟都觅食去了。它探出头来一望，看见那灿烂的阳光，葱绿的树木，大地上一片的好景致；它的小脑子里忽然充满了新意，抖刷抖刷翎毛，飞到枝子上，放出那赞美"自然"的歌声来。它的声音里满含着清一轻一和一美，唱的时候，好像"自然"也含笑着倾听一般。

树下有许多的小孩子，听见了那歌声，都抬起头来望着——

这小鸟天天出来歌唱，小孩子们也天天来听它，最后他们便想捉住它。

它又出来了！它正要发声，忽然嗤的一声，一个弹子从下面射来，它一翻身从树上跌下去。

斜刺里两只老鸟箭也似的飞来，接住了它，衔上巢去。它的血从树隙里一滴一滴地落到地上来。

从此那歌声便消歇了。

那些孩子想要仰望着它，听它的歌声，却不能了。

（1920年8月）

小鸟,你好!

◎陆星儿

黑色的桑塔纳开出医院大门,我立刻摇下车窗,探出头,心飞翔了,是一只冲出笼子的小鸟。

乌鲁木齐路、华山路、常熟路、延安路,这些非常熟悉的马路和路边的大店小铺,仿佛都焕然一新,我目不转睛,欣喜不已,像个好奇的孩子一头扎进偌大的玩具世界,看什么都新鲜、都兴奋。

一个月"禁闭",我似有脱胎换骨的感觉,那个总在埋头赶路、急匆匆的我不见了。每天清早下楼去散步,扶着楼梯冰凉的铁杆一步一步往下挪,脚步踩不稳,摇摇晃晃的,如同刚会走路的孩子。而最像孩子的,是眼光的变化,一些在过去很少会引起我注意的东西,一一地进入我的视线:首先是楼外靠围墙的那排冬青,由于低矮,以前根本不在我眼里,但在出院第二天,我试着下楼,刚迈出门,迎面所见的就是那排齐腰的冬青已笼着一层参差不齐的鲜润的新叶,争先恐后地往上冒,油嫩油嫩的,嫩得像婴儿的心,嫩得让人不忍走开。我停在树丛前,像碰摸炫目的肥皂泡一样小心地捏了捏那逼眼的嫩叶,我的指尖如过电似的被那饱含新生的"嫩"触动了,有一股热热的、流动的东西从手指一直通到心底,我感觉,那是一种生命的东西。

弯过冬青，有一大簇细密的枝条，没吐叶子，却已爆出层层叠叠的小花，一片片小巧细润的花瓣，金黄的，灿烂的，不声不响但蓬蓬勃勃、耀眼夺目。走过花丛，我驻足不前，好像有一股引力悄悄地包围我，吸住我的脚步，我知道，这吸引力是一股生命的力量。

在晨风的吹拂中，新吐的嫩叶和初放的小花，隐隐地飘散着清纯的气息，这不含丝毫尘滓的清纯，是生命最新鲜的时刻，一年只有一次，就像婴儿的满月在人生中只有一次，是难得的瞬间。我又回身，再缓缓地扫视那些新叶，并用力呼吸。这些难得的“新鲜”和“清纯”，哪怕多看一眼、多吸一口，这对我受损、虚弱的身体都是最好不过的养料，我需要新生，需要成长，需要冥冥的神力助我一臂、推我一把啊。而当我走过这些在早春、在晨曦里饱含希望的小树和小花时，我的心顿时被启迪，豁然开朗：“冥冥的神力”就存在于天地之间，就是大自然的赐予，也就在我们身边，看你是否能发现、是否能感受。

这时，有几只小鸟从半空斜着飞下，雀跃地掠过冬青和小花，并“叽叽啾啾”地啼啭，轻快、清脆、单纯，这是天籁，如同深山里“叮咚”的泉吟。我屏息凝神，仔细静听，“叽啾——叽啾”，这是一种生命的声音，在这嘈杂喧闹的世界里，无论风霜雨雪、电闪雷鸣，小鸟们却始终如一地雀跃、欢叫，用那么纯粹单一的声音应付一切，过滤一切。我的心也立刻被过滤了，沉淀下所有的杂念。

在鸟语花香的清晨，我的心空了、净了。

但在过去终日忙碌的时候，虽然天天与这排冬青擦肩而过，也常见小鸟在窗外的树木间飞来飞去，我却无暇留意花花草草与听而不闻的鸟叫，更不会产生共鸣。心，没有一刻是

“空”的、“净”的，还自以为很充实、很强大，无所不能。而病了一场，我好像才有“空”与“净”的体验，我才理解了“清静以养神”的含义，因为只有清虚静定，才能真正发挥人的潜能，表现出更大的智慧。战胜疾病、重建生命，尤其需要智慧与潜能。大自然真的对我无比厚爱，帮我推开了心灵的又一扇窗户，让我在发现“新叶”、“小花”和婉转的“鸟叫”的过程中，体会“空”与“净”的境界，领会天地与我并生，万物与我为一的神爱与大爱。

从那以后，我似乎懂得了感恩，对每一缕阳光，对每一阵清风，对每一朵白云，对每一片绿阴，对草丛里被我看到的每一茎野花，我都会欣然地表示感谢，是它们带给我好心情，是它们让我体会自然与生命的美妙。其实，只要活着，在我们身边时刻都有美妙的东西存在；其实，只要能真心看待身边这些美妙的东西，并能融为一体，我想，我就能好好地活着了。这就是所说的“天人合一”吧。

初春果然给了我“复活”的灵性，我每天早早醒来，在晨光乍明时便振作精神出门去听鸟叫，去呼吸新鲜空气。清晨的风爽爽的，仿佛被水洗了一夜，而临风迎霞，怡然地走到大树下，我会仰起头向大树问好，然后，再对小鸟们说一声：“小鸟，你早啊！”

“叽啾——叽啾”，小鸟们好像听懂了我的问候。在冥冥之中，生命与生命本来就是互通的、关联的，而且是能对话的。

你的栗色鸟

◎赵玫

你的栗色鸟,在黄昏的迷濛中,正远你而去。为生命的不再凋谢,为一个未来而美好的你的愿望。你的栗色鸟,一只普普通通的小鸟,你曾经囚禁它,在一个短暂的瞬间,在那白色而美丽的笼中,你说,它是你的灵魂的朋友,那一份永恒而短的友情。而它正振翅远去,以一个未来勇士的热情,飞向一个远的黑暗中。黑暗渐渐地融入和扩大,它或者最终能迎到初升的太阳。太阳的光的雨将沐浴在它栗色的羽毛上,一个自由之神在宇宙中悄悄降临。它不回望也不反顾,你知道,在那个奋力振翅的颤抖中,在它也是栗色的眼睛中,有如你一样的闪光的泪珠。

当暗夜终于到来,你才抬起头,睁大你美丽而黑色的眼睛。我知道,你懂了,你终于懂了,死亡不应当重复。你说,就在那个冬天的寒冷里,就在那个空旷的纸盒中,你曾经徒然地为它们填上了许多的棉絮。你想那一定是温暖,但是,终于在一个你未知的早晨,那两只绒黄的小鸡,还是僵硬而冷酷地弃你而去。你不讲话,只是埋下了你美丽的头。你曾经以为那是温暖。你哭了。你说,它们为什么会死?从此,你不肯有活的小动物,你怕你的悲哀。在那个茫茫白雪的早上,我随着你,我们埋葬了那两只绒黄的小鸡,你说它们是你的好朋友,纷纷的雪就覆盖了它们僵冷而没有灵魂的身体。你想，也许春天的时候，它们还会从雪中走出来。雪也是温柔之乡，有太阳的眼泪。从此，你企盼春天。那时，你只有两岁。但春天来了，你却忘记，因为你在长大，你懂了死去的生命不会复活，只是永恒的记忆。那是你最初的过失，你的心说，你将为此负疚永远。

而栗色鸟早已融入远方的黑暗中。最后的云正被暗红色的太阳吞噬。你说，你担心它青春的翅膀。你问，它是否真的能够飞出黄昏和黑夜，那宇宙，那天际究竟有多么大？那是一个你未知的世界。但你仍是打开了你白色而美丽的笼，你说，飞翔吧，栗色鸟，去找你的妈妈和那个苍茫的远方。你知道，它一定会靠近那远的星和闪光的月，它一定会靠近黎明的曙光、蓝天、白云，还有欢乐而迷濛的无声的小雨。那是一片轻轻的自然的脚步，那是一阵羽毛的动人的扇动，也许，会带走你黑眼睛里深藏的希冀和渴望，还有友情和淡淡远远的忧伤。

再没有禁锢，没有白色的栏杆。那白色的栏杆雕满美丽的图案，但尽管美丽你还是懂了，不该再有第二次失误。当那天那神秘的朋友把栗色鸟带到了你的面前，我看见了你掩饰不住的心底的欢乐。你告诉我，你喜欢它，栗色鸟。但是瞬间的热情之后，我也看见了那不易察觉的负疚的暗影，在你我之间，是那个冬天的白色的雪的茫茫。你把目光转向我，我就知道，你几乎已经决定了要拒绝这个你四岁的礼物。但是，为了那个神秘的朋友的心意，我们还是接受了它，在四支辉煌的蜡烛的燃烧中，我们共同拥有了一个永恒。一只普普通通的栗色鸟。一个高贵而美丽而被白色的栏杆环绕的笼。在它的被囚的世界中，没有太阳，没有大海，也没有林荫的土道。在许许多多的林间的栗色鸟的生命中，有歌的鸣响和奔飞的繁忙，而你的栗色鸟没有，它孤独地被囚于你白色而美丽的笼中。只有渴望和哀哀的注视，没有黑色乌云中的穿行，没有冰冷雨点的拍打，也没有大海溅起的凶猛而白色的浪花，栗色鸟在你的温馨中正悄悄凋谢。也许，它正想以勇士的激越去穿越遥远的大海，或者它终于被摔落在苍茫的大海上，被浪涌所吞没，然而，那终究是勇士的壮丽而辉煌。栗色鸟的全部热情正结集在它忧伤的无言的对你的注视中，就在吹熄了那只燃烧的蜡烛的瞬间，你轻轻打开了那只白色而美丽的鸟笼。

终于，栗色鸟开始抖动起它青春而已僵硬的翅膀。它没有即刻远你而去，它或者想说，如果你愿意，我永远是你忠实的伙伴。但是你说，飞吧栗色鸟，说得很轻，你用你胖胖的小手指向那个不知何时降临的美丽的黄昏。你说，飞出黄昏，也许会是一个暗暗的长夜，但明早，一定会有太阳，太阳的小雨将会在你栗色的羽毛上洒满多彩的光斑。你，你是多么向往太阳的小雨，和那个栗色鸟将要融入的暗夜。你企望永恒的太阳会在栗色鸟的身上一步步走来，升腾，直到笼罩了你的四岁的小屋。从此，栗色鸟留给你的只是白色而美丽的那一只淡淡的珠笼，那永恒的记忆，还有，远方的太阳的小雨。

世纪在沉重地转动着它的年轮。有一天，你或许会真的看见那片闪光的太阳雨，那时候，还会记得你的栗色鸟么？会记得为了你的绒黄小鸡的负疚而最终舍弃的对栗色鸟的爱的占有么？栗色鸟早已注入了世纪的年轮。而我相信，你永不会忘：就在那个迷濛的黄昏，栗色鸟远你而去，从此，不知穿越了多少的黄昏、暗夜和黎明……

（1988 年）

无名鸟祭

◎张长

我不知道这种鸟的名字,“无名鸟”就是它的名字。它死了很久了,是被我杀死的。并且,我把它吃了。

那是在“史无前例”的日子,在西双版纳“五七”干校。干校建在热带雨林里。我们自己伐木盖房,自己开荒种地。烈日下、暴雨里,体力劳动之后只能吃一点清汤泡饭,没有油荤的肠胃像是上了锈,偶有休息日便自己到老林里“找肉吃”。身体好的,半夜出去打麂子,体弱如我者,便只有拿上气枪到附近的林子里打鸟吃。

记得杀死这只鸟的那天干校同时死了个人。一个傻尼族的第一代大学生,很能干的少数民族干部。只因为定性为“反革命修正主义分子”,不堪残酷批斗,在树林里自杀了,说是留下年轻的老婆和三个孩子。我路过那里时,见一具血肉模糊的尸体,我只瞥一眼便走了。我只急着要去打鸟。那个时候“死人的事是经常发生的”,而吃肉的机会是很少的。

走进林子就听到有棵树上一只鸟儿在无忧无虑地歌唱。我小偷般靠近那棵树,它却飞了,但很快又落到了另一根树枝上,专注地在啄着什么。我抓紧时机举枪、瞄准、击发,它颤抖了一下,又箭一般射向蓝天。我认定它已中弹,追出林子,前面是一大片林中草地,它努力飞着,突地像石子般坠落下来。

这是一只多么美丽的鸟儿啊！蓝头,红翅,绿尾,胸腹的羽毛又是雪白的,有殷红的血正从那里流出。吹开羽毛,见弹孔由胸至背洞穿心脏。我很欣赏自己的枪法。很奇怪打穿了心脏它还能飞出那么远？更奇怪的是,小鸟的嘴里还紧叼着一枚晶莹的野浆果不放。同样晶莹的是鸟儿那双没有闭上的眼睛,仿佛有泪水。

这件事我已经忘了很久,之所以又记起是因为十几年后在昆明翠湖边看到一只受伤的海鸥。那几天,鸥群已纷纷迁徙北飞,这只海鸥却孤零零地独自留在那儿。我是在黄昏时见到这只海鸥的。当时它正努力地几次挣扎着想飞离水面,每一次又都跌进水里,便只有可怜地划动它的蹼,余晖中留下的只有身后那长长时波纹,在暮色中显得是那么凄清。我想它是被人打伤了。这想法才出现,便猛然回忆起很久以前被我射杀的那只无名鸟,想起它白色羽毛下那流血的弹孔,还有那枚紧叼不放的野果和那双仿佛流泪的眼睛。它心脏击穿后还飞那么远,还紧叼住果子不放,它巢里一定有嗷嗷待哺的小鸟啊!

明白这一点,惩罚便跟着来了:很长时间,只要听到鸟叫,见到枝头跳跃的小鸟,我便会想起这只死后还叼着果子的泪汪汪的鸟儿。那些日子里人就那么麻木,那么残忍,当天居然还把这只鸟烤熟吃掉。

断翅海鸥的事也过去很久了,但一有诱因,那只无名鸟总会在脑海里出现。新年之夜以为很欢乐,打开电视又是芭蕾舞《天鹅之死》。看到受伤的天鹅临死前那痛苦的颤抖,我闭上眼睛，一颗心像被什么尖锐地啄着，啄着……

那只鸟没死。多年来都在我心里，一有机会就啄我。连一个欢乐的夜晚都不饶我。我现在才明白，当我把它吃进肚里时，就注定我永无宁日！

（1999 年 6 月）

鹰之歌

◎丽尼

黄昏是美丽的。我忆念着那南方的黄昏。

晚霞如同一片赤红的落叶坠到铺着黄尘的地上,斜阳之下的山冈变成了暗紫,好像是云海之中的礁石。

南方是远远的;南方的黄昏是美丽的。

有一轮红日沐浴着在大海之彼岸;有欢笑着的海水送着夕归的渔船。

南方,遥远而美丽的!

南方是有着榕树的地方,榕树永远是垂着长须,如同一个老人安静地站立,在夕暮之中作着冗长的低语,而将千百年的过去都埋在幻想里了。

晚天是赤红的。公园如同一个废墟。鹰在赤红的天空之中盘旋,作出短促而悠远的歌唱,嘹唳地,清脆地。

鹰是我所爱的。它有着两个强健的翅膀。

鹰的歌声是嘹唳而清脆的,如同一个巨人底口在远天吹出了口哨。而当这口哨一响着的时候,我就忘却我的忧愁而感觉兴奋了。

我有过一个忧愁的故事。每一个年青的人都会有一个忧愁的故事。

南方是有着太阳和热和火焰的地方。而且，那时，我比现在年青。

那些年头！啊，那是热情的年头！我们之中，像我们这样大的年纪的人，在那样的年代，谁不曾有过热情的如同火焰一般的生活！谁不曾愿意把生命当作一把柴薪，来加强这正在燃烧的火焰！有一团火焰给人们点燃了，那么美丽地发着光辉，吸引着我们，使我们抛弃了一切其他的希望与幻想，而专一地投身到这火焰中来。

然而，希望，它有时比火星还容易熄灭。对于一个年青人，只须一个刹那，一整个世界就会从光明变成了黑暗。

我们曾经说过："在火焰之中锻炼着自己。"我们曾经感觉过一切旧的渣滓都会被铲除，而由废墟之中会生长出新的生命，而且相信这一切都是不久就会成就的。

然而，当火焰苦闷地窒息于潮湿的柴草，只有浓烟可以见到的时候，一刹那间，一整个世界就变成黑暗了。

我坐在已经成了废墟的公园看着赤红的晚霞，听着嘹亮而清脆的鹰歌，然而我却如同一个没有路走的孩子，凄然地流下眼泪来了。

"一整个世界变成了黑暗；新的希望是一个艰难的生产。"

鹰在天空中飞翔着了，伸展着两个翅膀，倾侧着，回旋着，作出了短促而悠远的歌声，如同一个信号。我凝望着鹰，想从它的歌声里听出一个珍贵的消息。

"你凝望着鹰么？"她问。

"是的，我望着鹰。"我回答。

她是我的同伴，我三年来的一个伴侣。

“鹰真好，”她沉思地说了，“你可爱鹰？”

“我爱鹰的。”

“鹰是可爱的。鹰有两个强健的翅膀，会飞，飞得高，飞得远，能在黎明里飞，也能在黑夜里飞。你知道鹰是怎样在黑夜里飞的么？是像这样飞的，你瞧。”说着，她展开了两只修长的手臂，旋舞一般地飞着了，是飞得那么天真，飞得那么热情，使她的脸面也现出了夕阳一般的霞彩。

我欢乐地笑了，而感觉了兴奋。

然而，有一次夜晚，这年青的鹰飞了出去，就没有再看见她飞了回来。一个月以后，在一个黎明，我在那已经成了废墟的公园之中发现了她的被六个枪弹贯穿了的身体，如同一只被猎人从赤红的天空击落了下来的鹰雏，披散了毛发在那里躺着了。那正是她为我展开了手臂而热情地飞过的一块地方。

我忘却了忧愁，而变得在黑暗里感觉兴奋了。

南方是遥远的，但我忆念着那南方的黄昏。

南方是有着鹰歌唱的地方，那嘹唳而清脆的歌声是会使我忘却忧愁而感觉兴奋的。

一九三四年十二月

鹰之死

◎赵丽宏

天是深蓝色的。坐飞机飞越太平洋时俯瞰地面,大海就是这种深蓝色,这无边无际的蓝色深沉得令人心头发颤发眩,想不出用什么词汇来形容它描绘它。只是由此联想到世界的浩瀚,想到宇宙的无穷,想到无穷之中包藏着不可思议的内涵。也由此联想到人和生命的渺小,在这广漠辽远的天地之间,生命不过是轻飏的微尘……

微尘,芝麻大的一个黑点,出现在深蓝色的天空中,乍看似乎凝滞不动,仿佛钉在天幕中的一枚小钉。仔细观察,才发现黑点在动,像是滑行在茫茫大洋中的一叶小舟。

"鹰。"

墨西哥向导久久凝视着天上的黑点,轻轻地告诉我。那对栗色的眼睛里,闪动着虔敬神往的光芒。

"鹰。"

墨西哥向导追踪着天上的黑点,嘴里又一次发出低声的呼唤。

这是在墨西哥南方的尤卡坦平原上,我们的汽车在墨绿色的丛林中穿行,高飞在天的孤鹰把我的目光拽离地面拉向天空。鹰,是墨西哥的国鸟,在那面绿白相间的墨西哥国旗中央,就有雄鹰展翅的图案,这是墨西哥人心目中的神鸟、吉祥鸟,它是勇敢和自由的象征。

鹰的形象逐渐清晰起来,宽大的翅膀张开着,也不见振动,只是稳稳地滑翔,忽而俯冲,忽而上升,矫健的身影沉着而又潇洒地描绘在深蓝色的天空,那深邃无垠的苍穹便是它自由自在的王国。它是遥远的,也是孤傲的,人无法接近它。

这时,我们的汽车驶进了一片墓地。浓密的树阴遮蔽了天空,鹰消失了。迎面而来的是玛雅人的坟墓。坟墓形形色色,色彩缤纷得叫人眼花缭乱。形状各异的墓碑和棺椁上绘满了鲜艳的花纹和图案,有些坟墓索性被堆砌成宫殿和摩天大楼的模型。连大楼上的窗户、壁饰和霓虹广告也被精心描了出来。远远看去,这墓地就像是一座被缩小了的现代化都市。在人迹稀少的丛林中突然出现这样一座缤纷却又寂然无声的微型都市,感觉是奇妙的,一种神秘的气氛顿时笼罩了我的思绪。玛雅人,这个古老奇特的民族,竟用了这么多的颜色来装点死者的坟墓,我不知道这是一种古老传统的延续,还是现代玛雅人的创造。死者是没有知觉的,一切坟墓以及它们的色彩和装饰都是出于未亡人的需要,为了向人们显示死者家族的高贵和富裕,为了让人们记住死者生前的功德和地位……等等,等等。反正,安卧在坟墓中静静腐烂的死者是什么也不会知道的,不管你是显赫的要人还是卑微的贫民,一抔黄土掩面,余下的事情便是被泥土同化,人人难逃此劫。我想,假如死者有知觉的话,压在他身上的碑石还是轻一些简朴一些为好……

正胡思乱想着,汽车又来到了宽阔的公路上,天空依然是那么深邃那么蓝,几缕纹状白云在天边飘浮,如同远远而来的几线潮峰。鹰还在天上盘旋,它不慌不忙地飞,悠然沉稳地飞,看不出它飞行的轨迹。这高飞的孤鹰,似乎正在执著地寻找着什么,追求着什么。它的归宿在哪里呢?

鹰的归宿当然也是死!

鹰是如何死去的呢?

鹰也有坟墓么?

也许是刚从墓地出来的缘故,闪现在我脑海中的问题,居然都是死和坟墓。鹰呵,你高高地飞在天上,你是不会回答我的。

记起在四川坐船经过雄奇的瞿塘峡的时候,一位在山中长大的诗人曾指着峻峭的绝壁告诉我:“最悲壮的是鹰的死。当一只老鹰知道自己死期将近时,便悄悄飞到绝壁上,在一个永远也不会被人发现的岩洞中躲起来,默默地死去。人们无法找到鹰的尸骨。这渴望自由的生命,即便死了,也不愿意被牢笼囚禁。假如灵魂不灭的话,坟墓也真可以算是另一种牢笼呢!”

也记起在新疆的大戈壁滩上旅行的时候,一位塔吉克猎人为我吹奏的鹰笛。这是用鹰翅骨制成的短笛,那高亢、尖厉、急促的笛音仿佛来自天外云中,来自极其遥远的另外一个世界。无论是欢快激越的曲子还是徐缓抒情的曲子,笛音中总是流溢出深深的凄怨,流溢出言语难以解释的哀伤。塔吉克猎人说:“鹰是神鸟,它是属于天空的。鹰死在什么地方,人的眼睛永远看不见。”我问:“那么,你手中的鹰笛是怎么来的?”猎人一笑,答道:“用枪打的。这可不是猎杀鹰呵!取鹰骨制笛是为了把鹰的精神和形象留在人间。猎鹰是一件极严肃的事情,只有那些衰老的或者病危的鹰才能被打下来取鹰骨,而且必须经过有权威的老猎人鉴定。随意猎杀鹰,天理不容!”至于鹰的自然死亡是如何景状,猎人一无所知,只能在高亢凄厉的鹰笛声中由自己想象了。鹰笛的旋律飘忽不定,鹰的形象就在这飘忽不定的旋律中时隐时现,这是一只生命垂危的老鹰,正展开羽毛不全的黑色翅膀,顽强地作着最后的翱翔。它苦苦地寻找着自己的归宿,然而归宿隐匿在冥冥之中……

最惊心动魄的,是一位来自西藏的作家的叙述。这位作家有一个当天葬师的年轻藏族朋友,他曾多次上天葬台看天葬,看天葬师肢解尸体,将尸体捣碎用酥油糌粑搅拌后喂鹰群。那一群专食尸肉的鹰,因为不必费工夫觅食,再不飞离山巅,只是在天葬台附近懒洋洋地徘徊,只要天葬师背着尸体上山,它们便可以饱餐一顿。久而久之,这些鹰的形状发生了变化,它们身上的羽毛脱落了,肥胖的身躯犹如蹒跚的绵羊,一对翅膀再无法托起沉重的身体飞入高空,它们变成了一群不会飞的鹰。只有那锋利的钩嘴、炯炯的亮眼和粗壮有力的脚爪,仍能表现它们是强悍凶猛的鹰类。在藏族人心目中,这是天上的神鹰,它们是神圣不可侵犯的,死者的灵魂能否升天,就由它们来决定了,尸体食尽,死者灵魂便安然升天,尸体倘一次吃不完,死者灵魂便永远被关在天堂门外了。谁也没有发现过这些神鹰的尸体。这些鹰,难道长生不死?年轻的天葬师产生了难以抑制的好奇心,他开始悄悄地观察那群老在他身边踱来踱去等待食物的鹰。终于发现秘密了——一只老鹰垂死了,它离开了群鹰,独自在一块岩石上兀立着,不吃也不动,当它的伙伴们围着天葬台争食尸肉时,它毫不动心,一对乌黑的眼珠呆呆地凝视着天空。一天又一天,一个星期又一个星期,它从不移动位置,它的伙伴们也决不来打扰它。天葬师惊奇地发现,这不吃不动的老鹰明显地消瘦下来,逐渐恢复到了一般秃鹫的体态,奇怪的是,它的精神却毫不萎靡,两只眼睛愈发炯炯生光地盯着天空。有一天黄昏,在一次天葬结束之后,奇迹终于发生了。这只“打坐”多日的老鹰突然展开宽大的翅膀有力地拍动了几下,随后便稳稳窜入空中。它围绕着天葬台盘旋几圈,接着就箭一般向高空飞去。天葬师抬头凝视着越飞越高的老鹰,只见它小成了一颗黑豆,小成了一粒芝麻,小成了一点若有若无的尘埃,最后消失融化在茫茫苍苍的蓝天之中。天葬师情不自禁地喃喃自语道:“哦,神鹰,神鹰……”他眼里噙着泪花,心中充满了由衷的敬畏。这时,天葬台周围那一群刚刚饱餐过一顿尸肉的鹰也像天葬师一样,昂头呆望着苍天。天葬师深信不疑:此刻,有两个灵魂正在同时升天……

在墨西哥深蓝色的天空下,这些关于鹰的见闻和回忆在我的脑海里回旋着翻腾着,它们无法编织成一幅清晰完整的图画。这些流传在中国的关于鹰的传说,和墨西哥有什么关系呢?从车窗仰望天空,那只孤独的鹰仍在悠然翔舞,仍在寻求着谁也无法探知的目标。鹰没有国界,它们大概是性情相通的吧,我想。关于鹰的死,在墨西哥不知是否有什么传说。那位墨西哥向导始终在注视着天上的鹰,陷在沉思之中。

“你们这里有没有鹰的墓地?”问题出口后,我有些懊悔了,这会不会冒犯主人呢?

墨西哥向导转过头来,栗色的眼睛里闪烁着惊讶。他盯住我看了一会儿,目光由惊讶而平静。还好,没有恼怒的意思。

“鹰怎么有墓地呢?”墨西哥向导指了指天空,用一种神秘而又骄傲的口吻说,“它们的归宿在天上。假如生命结束,它们将在高高的空中化成尘埃,化成空气,连一根羽毛也不会留在地面!”

这下轮到我惊讶了。这和我在国内听到的传说简直是惊人的巧合。没有国界的鹰呵!

也许,人是习惯于为自己构筑藩篱和牢笼的,对活人是如此,对死者也一样。人类的历史,便是在拆除旧藩篱旧牢笼的同时不断构筑新藩篱新牢笼,这大概是人类作为高等生物区别于其他生物的原因之一吧。鹰呢,鹰就不一样了。我又想起了长江三峡中听到那位诗人对鹰的评论:“这渴望自由的生命,即便死了,也不愿意被牢笼囚禁!”

抬头看车窗外的天空,那只孤鹰已经不知去向。只有渺无际涯的深深的蓝天,在我的头顶沉默着,不动声色地叙述着世界的浩瀚和宇宙的无穷……

一九八五年十一月记于墨西哥南方

一九八六年九月三日写于上海

猫头鹰

◎周作人

陆玑《毛诗草木鸟兽虫鱼疏》卷下，“流离之子”条下云：“流离，枭也，自关而西谓枭为流离。适长大还食其母，故张奂云鹠鷅食母。许慎云，枭不孝鸟，是也。”赵佑《校正》案语云：

> 窃以鸮枭自是一物，今俗所谓猫头鹰，谓即古之鸮鸟，一名休鹠者，人常捕之。头似猫而翼尾似鹰，目昼昏夜明，故捕之常以昼。其鸣常以夜，如号泣。哺其子既长，母老不能取食以应子求，则挂身树上，子争啖之飞去。其头悬着枝，故字从木上鸟，而枭首之象取之。以其性贪善饿，又声似号，故又从号，而枵腹之义取之。

枭鸱害母这句话，在中国大约是古已有之。其实猫头鹰只是容貌长得古怪，声音有点特别罢了。除了依照肉食鸟的规矩而行动之外，并没有什么恶行，世人却很不理解他，不但十分嫌恶，还要加以意外的毁谤。中国文人不知从那里想出来地说他啄母食母，赵鹿泉又从而说明之，好像是实验过的样子。可是那头挂得有点蹊跷，除非是像胡蜂似地咬住了树枝睡午觉。姚元之《竹叶亭杂记》卷六有一则云：

> 乙卯二月余在籍，一日喧传涤岑有大树自鸣，闻者甚众，至晚观者亦众。以爆驱之，声少歇；少顷复鸣，如此数

夜。其声若人长吟,乍高乍低,不知何怪,言者俱以为不祥,后亦无他异。有老人云,鸮鸟生子后即不飞,俟其子啄其肉以自哺。啄时即哀鸣,数日食尽则止。有人搜树视之,果然。可知少见多怪,天下事往往如是也。

还有一本什么人的笔记,我可惜忘记了,里边也谈到这个问题,说枭鸟不一定食母,只是老了大抵被食,窠内有毛骨可以为证。这是说他未必不孝,不过要吃同类,却也同样地不公平,而且还引毛骨证明其事,尤其是莫须有的冤狱了。英国怀德(Gilbert White)在《色耳邦自然史》中所说却很不同,这在一七七三年七月八日致巴林顿氏第十五信中:

讲到猫头鹰,我有从威耳兹州的绅士听来的一件事可以告诉你。他们正在挖掘一棵空心的大秦皮树,这里边做了猫头鹰的馆舍已有百十来年了,那时他在树底发现一堆东西,当初简直不知道是什么。略经检查之后,他看出乃是一大团的鼷鼠的骨头(或者还有小鸟和蝙蝠的),这都从多少代的住客的嗉囊中吐出,原是小团球,经过岁月便积成大堆了。盖猫头鹰将所吞吃的东西的骨头毛羽都吐出来,同那鹰一样。他说,树底下这种物质一共总有好几斗之多。

姚元之所记事为乾隆六十年,即西历一七九五,为怀德死后二年,而差异如此,亦大奇也。据怀德说,猫头鹰吞物而吐出其毛骨,可知啄母云云盖不可能。斯密士(R. B. Smith)著《鸟生活与鸟志》,凡文十章皆可读,第一章谈猫头鹰,叙其食鼠法甚妙:

驯养的白猫头鹰——驯者如此,所以野生者亦或如此——处分所捉到的一个鼷鼠的方法甚是奇妙。他衔住老鼠的腰约有一两分钟，随后忽然把头一摆，将老鼠抛到空中，再接住了，头在嘴里。头再摆，老鼠头向前吞到喉里去了，只剩尾巴拖在外边，经过一两分钟沉思之后，头三摆，尾巴就不见了。

上边又有一节讲他吐出毛骨的事，不辞烦聒，抄录在这里，因为文章也写得清疏，不但可为猫头鹰作辩护也。

他的家如在有大窟洞的树里的时候，你将时常发现在洞底里有一种软块，大约有一斗左右的分量，这当初是一个个的长圆的球，里边全是食物之不消化部分，即他所吞食的动物的毛羽骨头。这是自然的一种巧妙安排，使得猫头鹰还有少数几种鸟如马粪鹰及鱼狗凡是囫囵吞食物的，都能因了猛烈的接连的用力把那些东西从嘴里吐出来。在检查之后，这可以确实地证明，就是猎场监督或看守人也都会明白，他不但很有益于人类，而且向来人家说他所犯的罪如杀害小竹鸡小雉鸡等事他也完全没有。在母鸟正在孵蛋的树枝间或地上，又在她的忠实的配偶坐着看护着的邻近的树枝间，都可以见到这些毛团保存着完整的椭圆形。这软而湿的毛骨小块里边，我尝找出有些甲虫或蜣螂的硬甲，这类食物从前不曾有人会猜想到是白猫头鹰所很爱吃的。德国人是大统计学家，德国博物学者亚耳通博士曾仔细地分析过许多猫头鹰所吐的毛团。他在住仓猫头鹰的七百另六个毛团里查出二千五百二十五个大鼠，鼷鼠，田鼠，臭老鼠，蝙蝠的残骨，此外只有二十二个小鸟的屑片，大抵还是麻雀。检查别种的猫头鹰，其结果也相仿佛。据说狗如没有骨头吃便要生病，故鼠类的毛骨虽然是不消化的东西，似乎在猫头鹰的消化作用上却是一种必要的帮助。假如专用去了毛骨的肉类饲养猫头鹰，他就将憔悴而死。

这末了的一句话是确实的，我在民国初年养过一只小猫头鹰，不过半年就死了，因为专给他好肉吃，实在也无从去捉老鼠来饲他。《一切经音义》七引舍人曰，狂一名茅鸱，喜食鼠，大目也。中国古人说枭鸱说得顶好的恐怕要算这一节了吧。

中国关于动物的谣言向来很多，一直到现在没有能弄清楚。螟蛉有子的一件梁朝陶弘景已不相信，又有后代好些学者附议，可是至今还有好古的人坚持着化生之说的。事实胜于雄辩，然而观察不清则实验也等于幻想。《酉阳杂俎》十六广动植中云：

> 蝉未脱时名复育，相传言蛣蜣所化。秀才韦翾庄在杜曲，尝冬中掘树根，见复育附于朽处，怪之，村人言蝉固朽木所化也。翾因剖一视之，腹中犹实烂木。

即其一例。姚元之以树中鸣声为老鸮被食，又有人以所吐毛骨为证，是同一覆辙。但在英国的乡下绅士见之便不然了，他知道猫头鹰是吞食而又吐出毛骨的，这些又都是什么小动物的毛骨。中国学者如此格物，何能致知，科学在中国之不发达盖自有其所以然也。

二十四年五月

大理孔雀

◎张承志

一

不知是在多久以前了，那时第一次读了郭沫若的《孔雀胆》。但是像那时可能对世界的理解一样，读后只留得了一个感人的佳话印象，而没有哪怕稍稍琢磨过这个写着孔雀的题目。

孔雀，从树林到舞台，好像都只是一种漂亮的饰物。

以后，是在读研究生学蒙古史时，我对着郭著《孔雀胆》引用的一首诗，咬文嚼字了一阵。那首诗是在元朝破灭之际，由一个嫁了大理段氏诸侯的蒙古女子写下的。是一首因为用语难解，所以非常著名的怨情诗。

那时有一股不知天高地厚的浅薄。只是因着学了一个专业，当然也由于身上打着蒙古草原的牧民烙印，那时的我怀着对蒙语的酷爱和自负，读它时，心理中多少还带着一线破读的野望。因为，这首诗里的那些难解词，学术界多说可能是蒙古语。

诗以“吾家住在雁门深，一片闲云到滇海”开头，诗味其实平平。但是偏偏有几个怪词，使得它久久惹人，不能像很多诗那样，淘汰般被搁置了起来。

比如“欲随明月到苍山，误我一生踏里彩”——什么叫“踏里彩”呢？注家解释“踏里彩”为蒙语“锦被”。我咬来嚼去，觉得蒙语中只有一个“踏里克”有点音近；不过，那个词是“布面袍子”。

再比如，“吐噜吐噜段阿奴，施宗施秀同奴歹”一句，一般被认为是诗中最俚僻、最古怪的一句。注家们解释“吐噜吐露”是蒙古语“可惜”。可是当年，蒙古的大嫂老妇们，在怜惜我们的脸上冻疤肩头褴褛时，发出的感叹音是“呼噜黑，呼噜黑”。即使“黑”音脱落，“呼”在中古蒙古语中为ku，也应该是“哭噜哭噜段阿奴”。不用说，对古代，凡企图解明，就难免流于牵强。更不用说，由我立志破译，更是毫无可能。

——那时我人愚心钝，忽视了段氏与蒙古女人阿盖故事中，其实真正的主角，是挑动了郭老的灵感、也给了人们以刺激的——孔雀胆。

二

凡人不可能不被孔雀之美迷醉。

大概这是共通的感受：谁都记得当孔雀开屏时，心里漾起的那种惊讶。人会感叹得难过。造化的主啊，同在一个世界，它怎么会这么美呢？无论鹤叟孩童，凡是人，在凝视孔雀开屏的时候，都会不觉陷入一瞬的沉默。那是一种美的绝对打击，被击中的男女老幼会瞬间地失语，手足僵硬，感觉迟滞。无疑，目击孔雀开屏的体验和记忆，乃是人的宝贵经历。

来到云南，心里只想着孔雀。但是，尽管我也和人人一样被孔雀的美丽迷摄，但是我寻找她，却是为着她另一种致命的部分：她的胆。

在段氏与阿盖公主的故事中，十四世纪的蒙古女子阿盖，拒绝了使用孔雀胆谋杀异族的丈夫。所以，那出名剧虽然借孔雀胆为题，但是悲剧中并没有孔雀胆的发效。杀死段氏的是丑陋的刀斧，丝毫与孔雀的形象无关。

与其说，在郭沫若的名剧《孔雀胆》里孔雀胆是一件使观众惊愕的道具，不如说是这部戏宣传了云南的奇特的物藏与人情。不知别人，我自己久久地为之困惑难过，禁不住地想象过物质的它。我无法从别的思路去理解，我猜郭老也许是不忍割爱。即便剧中没有真的用上，但毕竟有过孔雀的登场。

也许也是初次知道后，郭老就对这个情结难舍难弃，也许他的感性也曾不堪折磨：孔雀胆是毒药，但是她的形象太美了。这里挣扭着一个令人难以解脱、逼人求证终极的、使人久久痛苦的矛盾。

但是云南风土养育的，不仅是一个例证。十九世纪末的云南农民起义英雄杜文秀，在大理落城之前，曾服孔雀胆自杀。

战争中，帮助清朝政府镇压农民军的法国军火商 E. 罗舍，在其《中国云南省志》里，记载了他当时就获得的杜文秀故事：

> 一八七三年一月十五日，杜文秀，这种精神痛苦的剧烈情况他失去所有的精力，……他安然等待让他脱离最后苦恼的时刻的来临。他的妻和他的子女不愿活在他死

后，乃在他面前服毒自杀。……他最后一次举目瞭望点苍山，他平时喜欢游览其中的有名山岭。走出居室之前，他生吞了一撮大烟及一颗孔雀胆。到大理南门的路途，被渴望向他匍匐敬礼的老百姓们充填。……他的知觉渐因为服食的毒药而开始麻木，当他到达城门，他用尽力气下轿，对民众表示感谢。……杜文秀神志不清，艰于回答。……晚上六点，这位有名的囚人已经不省人事了……

当我潜心杜文秀的史料时，我已经敬远了蒙古学。无意再为细末劳神，渐渐地喜欢幻想往事。读着杜文秀的孔雀胆，不禁猜测着郭老的选择。在云南的两例史料中，他选择了段氏故事。也许，他要成全剧情的爱情线索。

读着想着，从孔雀胆的记事里面，我察觉到，云南其地，好像有着某种外省不及的特殊之处。

好像，美在那里易于存活，所以孔雀只在那里成群。那里的人，不奢张扬，但是他们常常演出教育中原的活剧。不仅是有名的杜文秀和蔡锷，无名的英烈更多。孔雀胆使我们懂得，人的死，要与美结合。孔雀胆是滇史特笔的毒药，孔雀胆演绎的故事，是云南特有的悲剧形式。

孔雀胆，一想起这三个字，我就久久地不能平静。久而久之，我一直为此震慑，甚至，因此我一直悄悄崇拜云南的风土。

孔雀只生在云南最为湿热的两隅：德宏与西双版纳。世间正是烈日炎炎不宜车旅，我暗暗想，等时机到了的时候，我再去细细拜访它们。所以，在城市里，见到有人在卖孔雀的羽毛，但是问不清孔雀的产地时，我并不着急。

不可思议的是，两例孔雀胆故事，都与大理有关。但即便在大理我也没有奢想，我没有敢幻想小住几日，就能找到渊源。

毫无疑问，孔雀饲养的古风，不是轻易就可以造访的。由孔雀胆象征的、美与死的话题，更不是可以轻易谈论的。

三

我们坐在大理城门前面，看着城壁上的烟痕火印，心中感慨。凝望眼中的云南，一阵阵不知是梦是真。

居然就在视野之间，左右已经显现着黛色的雪峰，静谧的海水。还有圆圆石子铺砌的乡间车路，两侧耸立的银叶桉树。几天里我不敢相信：看惯了大西北满目疮痍的黄土高原以后，人不能理解如此姣好的风景。

而现实是真实而温柔的：眼中正清楚地绵延着——昔日如雷贯耳、此刻历历在目的，苍山洱海的秀色。

烟色的古城东南角，连着一片平坦的苍绿田野，踏上石子路，步行三五里，在一个称作下兑的村子里，有一株遮天的巨树，树下有寺。村落围绕，农家多是小楼。离那巨树不远，有杜文秀墓。

离家时，母亲逝去后的四十日刚满。我一直在寻找给我平衡、给她安慰的仪礼。因此，此行有这一层的举意。昨天，冬季踏青，村中借水，我已经去墓上念过悼词。

一羽美得惊人，美得神秘的孔雀，在我心里，似开似闭地波动着她的屏，遮挡着也引诱着我的心思。

孔雀是彻底的神秘的产物。它的一切其实早就不可理解:它的碧绿又生着美目的羽毛,它的蓝黑闪烁的脖颈,它的隐藏和怒放的七彩之屏,它的仪态,它的完璧的美丽——其实早就是不可理喻、不可想象的。

那么,为什么又有大理的孔雀胆呢?

大理的孔雀胆,把美丽的边缘重重地加上了一道黑色。它使我永远无法摆脱这种战栗。传说和记载中只是说:服下了孔雀胆的义军首领,慢慢地垂下了头。天色终于黯淡了,大理的北门,被暮霭映出了破旧。

当他出了这道城门,走向挟在山和海之间的南方原野时,当孔雀的一部肉体,在他的肉体之中苏醒时,他是觉得疼痛呢,还是感到迷醉?他是咀嚼了痛苦呢,还是享受了美丽?

若是在孩提时代,人接受了这样的传统,或者说受了这种刺激,那么,人会沿着一条唯美的路成长。伴孔雀而生,藉孔雀而死,若是深沉的民族,会代代珍惜如此的风俗。

离开的前一天的傍晚,我们厮守着城门,舍不得离开。

多年以来,已经不惯于这么留恋。徘徊在城楼下,想等着这一天结束。游客早已散尽,城楼左近,人影稀疏了。一个下兑村的农民,从角落站起,高声问候着,好像已是熟人。依着城栏,我们一直目送着。一直等到黯淡如水的暮色,吞没了被浓烟烈火烤得斑驳的、大理的石城。

(1995.2)

孔雀眼

（给诗人张枣）

◎钟鸣

孔雀东南飞，

五里一徘徊。

孔雀是从东方的南亚秘密地飞往世界各地的。它的美几乎征服了所有的神。对基督徒来说，孔雀的肉是不朽的。在许多国家它是皇室的珍禽。在古罗马，孔雀是朱诺的圣鸟。在希腊神话中，它是天后赫拉(Hera)的圣鸟。赫拉有几件离不开身的圣物，那就是石榴、布谷鸟、多嘴多舌的乌鸦和美丽的孔雀。赫拉是宙斯的情人，但她却是个有名的悍妇，好施权势，冷漠残酷，嫉妒成性，监视并惩罚所有宙斯喜欢的女人，所以，她有个令人讨厌的绰号叫“大眼睛”。欧洲人十分恐惧那些过剩超能的眼睛，所以他们虽然喜欢孔雀令人长寿的细肉——这些肉吃起来有点像鹅肉——和金光灿烂的羽翎，但却害怕它的眼睛——也就是孔雀尾部羽毛上像圆眼洞开的斑纹。这些眼睛丛生的羽毛，在东方古词语中叫珠毛。欧洲人恐惧它是因为羽毛上永远睁开的眼睛使人想到传说的魔眼，他们相信被魔眼盯住的人要遭厄运。

《动物庄园》的作者，英国作家乔治·奥威尔曾写了本让欧洲人吃惊的反乌托邦小说《一九八四》。里面出现了一个怪物"老大哥"(Big Brother),实际上就是可能隐蔽在任何地方监视人类的电视眼(Eye-television),它永远也不会疲倦,也不会失误,所以它将作为最有效率的政府和警察,科学地统治人类。奥威尔在印度和缅甸呆过,这两个地方正好是欧洲殖民警察和东方孔雀传奇接触的地方。奥威尔的伟大就在于,他是第一个把孔雀金光灿烂的羽毛眼,和窃听监视以及未来世界性的专制形态联系起来的人:

英格兰兽,爱尔兰兽,
普天之下的兽,
倾听我喜悦的佳音,
倾听那金色的未来。①

英国人当中,发挥孔雀之美的还有两个人,这就是作家王尔德和画家比亚兹莱②。在王尔德最著名的戏剧《莎乐美》中,出现了一群很奇怪的白孔雀。这些孔雀的嘴镀着黄金,吃的谷粒也是镀金的,脚上染着紫色。白孔雀一叫,便会下雨,当它们展开美丽如屏的尾巴时,月亮就会显出本色。就好像是孔雀使周围的一切镀上了神秘的银白色:莎乐美像银镜中白玫瑰的反影;而约翰的洁白则可以和百合花,积雪,蔷薇,象牙,银莲满目的花园媲美。王尔德和一群唯美主义作家,当时风靡世界,他们最具影响的杂志叫《黄皮书》(Yellow Book)。而使杂志出尽风头的则是比亚兹莱。他的插图神秘而富有魔力,带有明显的罗可可艺术风格,但却没有罗可可艺术的缺点。欧洲十八世纪风靡一时的罗可可艺术,其风格中的光怪

① 奥威尔《动物庄园》,张毅、高孝先译,上海人民出版社1988年版。
② 比亚兹莱(Aubrey Beardsley),英国19世纪插图画家。

陆离和镶嵌技法曾得力于中国绘画,漆器和瓷器艺术的扩散。在大量流向欧洲贵族社会的中国瓷器里,最有名的一种就是孔雀瓶。在比亚兹莱的文首画和插图里孔雀常常出现,连他画的树叶看起来也十分像孔雀的珠毛。日本作家厨川白村,他说比亚兹莱仅以他为王尔德《莎乐美》画的十六幅插图,就足以奠定他在近代美术史上的不朽地位。厨川白村最奇特的发现是,在这十六幅插图中,《舞蹈的酬劳》(Dance's Reward),也就是莎乐美拎着银盘里约翰血淋淋人头的那幅,上面的神秘斑点使它具有了一种奇特的效果。实际上不光是这幅作品,几乎在比亚兹莱所有的作品中,都能看到珠毛斑斓的光色所刺激起来的幻觉。厨川白村能察觉出常人无法感受的美来,这点很了不起。

厨川白村的慧眼独具,受益于他的老师小泉八云。这小泉八云却是个古怪的人,真名叫 Lafcadio Hearn 。他出生于希腊,在爱尔兰长大,就读于法国,生活在美国,最后入籍于日本。他的名字也很奇特,Lafcadio 是古希腊女诗人莎孚(Sapho)因不能如愿的爱情而跳海自尽的大海的名字,而 Hearn 却与英语的鹭鸟(Heron)有关。据说小泉八云在他的外套和每本书的扉页题字的地方,都绣着或印着鹭鸟的图案。正是这个名字,这个与史蒂文森、吉卜林比肩的文坛巨擘的名字,曾在欧美轰动一时,因为像他这样一个外国人,竟用他的随笔散文,使东方的日本闻名于世。在十九世纪,凡到日本观光的欧美人,没有不带着他的《东方通信》、《怪谈》和《日本杂录》及《佛陀园拾遗》的。他还写过一本《中国鬼怪故事》的书,因写这篇随笔时手里没它,便不知道里面是否谈到了孔雀。但不管怎样我都认为,小泉八云无论就其经历,那种对东方乐土的眷恋，及唯美的生活情趣，都是深得孔雀神髓的。

孔雀在中国没有成为圣鸟，它最多只够得上一个伤心绝望而脆弱的唯美主义者。因为它的美需要许多苛刻的条件才能生存下来，就像庞德说的："美是一件如此罕见的事。"①但重要的是，人们该冷却了物欲，以超然的态度来欣赏它，就像禅家欣赏他的菩提树，道士欣赏他的香炉。可中国人见了什么肉好吃就吃掉它，见了宝物就往私房揣，见了孔雀毛好看，自然是杀鸡取卵。而孔雀恰恰又是为了皮毛之美可以死掉的，不像其他动物，闻到血腥味便逃之夭夭。所以孔雀在它的本土反倒绝了种，在动物园偶尔看到一只，也是灰头鼠脑，羞愧不长金翠的。

孔雀非常恩爱，飞翔时数十为偶。它们和人类相反，因为人类是雄性依附于雌性的美貌，而孔雀却是雌性依附于雄性的艳羽。雌性孔雀尾巴很短，没有屏风一般的金翠，只有雄性才有。它美丽尾巴上的珠毛，会像花萼一样荣衰，所以就特别的爱惜。当孔雀要在山上栖居时，首先要选择宽敞能容下全部羽毛的地方。否则，它们便宁愿瞪着眼睛留在布满苔藓的老树干上，母孔雀忠实地陪伴在侧。她们知道雄性的伙伴又将为不损毫毛而彻夜不眠。这使我想到人间那些为语言之美而彻夜不眠的诗人。当他们在自己的巢里朗朗上口时，他们的情侣却在那里鼾声大作，梦到的也是京华烟云和光鲜的衣服一类。

孔雀有许多娇柔的唯美行为：眼里不能进一点阴翳和杂

---

① *See* E. Pound, *Villanelle*: *The Psychological Houp*, Ezra Pound Selected Poems(Faber, London), p. 56.

质，否则就会瞎掉；耳朵不能听任何尖锐的声音，否则就会晕倒；身体不能碰任何邪恶之举，否则就要气绝；就连使人类和动物迷狂不已的交配性爱生殖，也无法动摇孔雀唯美的信念。孔雀的性爱是万物中唯一最动人心魄的。地球上，人类和动物都非常粗暴和丑陋，它们为了接近配偶要花费心机，为了满足而要折腾得精疲力竭，凌乱不堪，满足后又变得心灰意冷，古怪得难以捉摸。孔雀却不同了，他们有三种途径完成性爱：可以通过雄性和雌性的声音交接得到满足并怀孕；可以用双方影子的摩擦完成；甚至通过他们周围的风就行了。三种方式都不会碰乱孔雀的羽毛，也不会有求爱的尴尬和性爱后的那种绝望。

在孔雀唯美的行为中，最令人羞愧的是他们为了保护羽毛的整洁和高尚连命也不要了。许多人相信，孔雀的肉可以解百毒，羽毛可制成世上最华丽的车盖、扇子和裘衣，便张网捕捉它。有人发现，甚至连网也可以不用，因为孔雀在发现捕捉者而又来不及躲避的情况下绝不会逃跑，怕惊慌中忙于奔命而弄乱损坏羽毛，而宁可完整地去死。想得到孔雀珠毛的人，必须躲在隐蔽处，当孔雀经过时，要突然冲上去，尽快剪掉孔雀的尾巴，如果稍慢一点，孔雀只要回头，尾巴上的金翠便会失去光彩。孔雀的尾巴可以变成红色的或黄色的。由于其习性，它们身上具有九种美德：包括容貌端正，音色清澈，步态讲究秩序，言行守时，节制食欲，知足而乐，喜欢凝聚力，睡眠少不嗜淫，知道生命和宇宙的循环无常。据说世界上只有道德最高尚的人才能把孔雀当做家禽饲养，而这唯一的人就是孔子。而佛教徒则视孔雀为圣徒。

孔雀的梵语叫摩由罗(Mayūra)。它是世界上唯一不靠父母身体而诞生的鸟类。它们的生母因听到震耳的雷声而怀上小孔雀。印度有孔雀王,一头四臂,像菩萨,他的坐骑也是孔雀。他的象征性图案是坐在八四叶子的白莲花或青莲花上,头朝东方,穿白色衣服,脸上呈慈悲相,右边第一只手拿着盛开的莲花,第二只手持像木瓜似的俱缘果,左边第一只手曲在心坎上,有点像文化大革命时,中国人做"三忠于"、"四无限"的动作,手持吉祥果,左边第二只手捏着三根或五根孔雀珠毛。孔雀王的缺陷是喜欢吃面包和蜂蜜做的东西。因为这点,他曾被猎人捉去献给一个想为王妃医治绝症的国王,但孔雀王仅用他念过咒语的圣水就使王妃康复了。一般孔雀的缺点是好激动,只要一听到管弦笙歌,尤其是交响曲或弦乐四重奏,只要是古典音乐,甚至是蹩脚的伪古典音乐,它们便舒张翅尾,跳起舞来。有人认为这是绅士风度,也是一种大智慧。中国的环境卫生非常糟糕,生态失去了平衡,人民不大喜欢音乐,也很少有不沾势利的唯美主义,几百年来还把孔雀当报鸡婆吃掉,于是,孔雀都飞到欧洲去了,在法国看绘画,在英国看草坪,在维也纳听室内乐。下个世纪,孔雀将移居别的星球,因为全人类都在被污染。

雁

◎周瘦鹃

偶然在一个文娱晚会里，听一位古琴专家弹奏《平沙落雁》之曲，一波三折，委婉动听，仿佛见一头头的雁从半空中飞翔下来，落到沙滩上似的；我因此想到了雁。

雁是一种大型的水鸟，模样儿与鹅很相像，淡黄色的长嘴，青灰色的翅翼，灰褐色的背，带着黑斑的胸，长得并不美，然而古今的画家都用作画材。宋徽宗的芦雁图卷，笔精墨妙，颇为有名；清代边寿民也以善画芦雁为名，几乎成了个芦雁专家。

雁称候鸟，每年总是应候而来，因为北方天寒，所以入秋就要南来，迁地为良。《月会》曾说："仲秋之月鸿雁来。"《记历枢》也说："天霜树落叶，而鸿雁南飞。"李时珍的话更说得明白："寒则自北而南，止于衡阳，热则自南而北，归于雁门。"据说这是常年老例，从不失信，候鸟之为候鸟，自可当之无愧。

雁有合群性，喜集体行动，并且很守纪律，往往排成了行列，在空中一行行地飞过，好像是军队列阵形一般，因有雁阵之称。唐代王勃的《滕王阁序》中，曾有"雁阵惊寒，声断衡阳之浦"之句。而他们的阵形，又像是写出来的字，所以又称雁字。苏东坡诗所谓"雁字一行书绛霄"，而明代唐时升竟有咏雁字诗二十四首之多。诗人好事，真如俗语所谓挖空心思了。

雁的鸣声很为嘹亮，可说是高唱入云。而不知怎的，历代诗人们所作闻雁诗多至不可胜数，都说它的鸣声十分凄切，引人悲感，所以诗意都很悲观，竟没有一首是乐观的气氛的。甚至有一首说是“情类断猿悲落月，响如离鹤怨愁云”，除了断猿离鹤云外，更将悲、怨、愁这些字眼全都用上了。其实他们的闻雁，全是唯心的，只为正在秋气肃杀的时节，而心境又不好，于是听了雁鸣，全是一片凄苦之声了。

雁足传书，用汉代苏武使匈奴事，后人书信往来，就作为典故，而把雁当作邮递员了。古人诗词中咏及的不一而足，如“尺书相珍重，辛苦敢烦君”；“只恐音书断，宁辞道路长”；“念尔心千折，凭传扎十行”。又如明代谢承举诗云：“枕断烟波晓梦余，雁声悲切过匡庐；离人久望平安字，何事江东不寄书？”杨宛诗云：“千里翩翩度碧虚，月明送影意何如。也知一向郎边过，自是多情少寄书。”词如宋代黄庭坚《望江东》云：“江水西头隔烟树，望不见江东路。思量只有梦来去，更不怕江阑住。灯前写了书无数，算没人传与。直饶寻得雁分付，又是秋将暮。”辛弃疾《寻芳草》云：“有得许多泪，更闲却许多鸳被。枕头儿放处，都不是旧家时，怎生睡？更也没书来，那堪被雁儿调戏！道无书却有书中意，排几个人人字。”借雁足传书来抒情，自是绝妙好辞。又无名氏《御街行》云：“霜风渐紧寒侵被，听孤雁声嘹唳；一声声送一声悲，云淡碧天如水。披衣起告：雁儿略住，听我些儿事。塔儿南畔城儿里，第三个，桥儿外，濒河西岸小红楼，楼外梧桐雕砌。请教且与，低声飞过，那里有，人人无寐。”怕孤雁惊动了失眠的人，央求它低声飞过，真是痴得可笑！但不知那孤雁儿能不能领会他的一片苦心呢？

我国地志上的地名，以雁为名的，如雁门关，是大家熟悉的，此外还有雁塞山、雁湖、雁塔等。名胜如浙江乐清县东的雁荡，绝顶有湖，湖水终年不干，春归的群雁，都在此留宿，因以为名。湖南衡阳县南的回雁峰，是衡山七十二峰的主峰，据说北雁南飞，到衡阳为止，一到春天，就飞回去了。回雁峰之名，是这样得来的。今年立春较早，南来之雁，也该提早回去吧？

雁

◎王孝廉

当似曾相识的燕子再度呢喃于堂前的时候，人们知道春天来了，可是在“江边芦苇连天白”的江岸，如果人们望见群雁南飞，或者在更残漏尽的孤苦长夜，忽闻孤雁两三声的时候，人们知道是秋天了。燕雁同音，可是带给人们的感觉却有如许的不同，这种不同也许正如它们来时的季节。人们每想到燕子，总有一种烟雨濛濛中无可奈何花落去的惆怅，但是雁给人的感觉却常常是一种秋天萧瑟或雨雪纷纷的凄苦苍凉的悲壮感觉。燕子使人有一种阴柔的美感，于是在文学里，人们所歌咏的燕子是“花露重，草烟低，人家帘幕垂，秋千慵困解罗衣，画梁双燕栖”（冯延巳：《蔡郎归》），或“游丝不解留伊住，谩道闲愁无数，燕子为谁来去，似说江南路”（王之道：《桃源忆故人》），燕子正像是闺中少女的慵困闲愁。雁却像是孤独的羁客浪人，在文学中所被用以表现着的是一种刚性美感，前人歌咏的雁是“铁骑无声望似水，想关河，雁门西，青海际”（陆游：《夜游宫》），或“壮年听雨客舟中，江阔云低，断雁叫西风”（蒋捷：《虞美人》），“酒醒寒砧正作……平沙断雁落”（蒋捷：《金蕉叶》），或“晓风酸，晓霜干，一雁南飞入度关，客衣单，客衣单，千里断魂，空歌行路难”（万俟雅言：《梅花引》），如果以“春花杏雨江南”和“秋风骏马塞北”来表示中国江南和塞北的地理环境以及南北文学的不同,那么雁似乎就是塞上文学的代表了,而春花杏雨中归来的燕子正是代表了如梦的江南。

因为雁而产生的传说故事很多,我们常以鱼雁代表书信,在古诗《青青河畔草》有“客从远方来,遗我双鲤鱼,呼儿烹鲤鱼,中有尺素书,长跪读素书,书中意何如,上言长相忆,下言加餐食。”是以鱼为书的说法。以雁表示书信是起于汉代苏武的故事,苏武牧羊的故事是人所熟知的,那首“苏武牧羊久不归,群雁都南飞,家书欲寄谁,白发娘,倚柴扉,红妆守空帏……”的歌也是人们所熟悉的。依《汉书》本传的记载说,苏武羁留在北海牧羊,羝羊未乳之前不得回汉,后来匈奴与汉和亲,汉使要求苏武回国,但匈奴王却诡言苏武已死而不肯放苏武,后来汉的一个叫常惠的官吏叫使者告诉匈奴王,有一天武帝在林中打猎,射得一雁,雁的脚上系有一条写在布上的信,信上说苏武没有死,被扣留在某大泽边牧羊,匈奴王听了使者的话以后大惊,于是就放苏武回汉。苏武以雁传书的故事融合了中国民族的气节和智慧,也许当时的人看到每年秋天成群的雁从北方飞来而想出来的传说故事吧?可是由此传说故事也可以看出当时的人们见到南飞的雁群就对依然羁留在冰天雪地的匈奴的苏武是多么深深的怀念。王僧孺的两句诗“尺素在鱼肠,寸心凭雁足”正是上面以鱼雁为书信的传说故事的总合。苏武的传说故事流行以后,以雁传书的故事就越来越多起来了,像王宝钏与薛平贵的故事。传说中薛平贵征西梁,兵败被掳,番王见他雄伟有才,所以招他做了驸马,薛平贵在番邦有权有势,锦衣美食,忘记了祖国,也忘记了在寒窑中等他等了十八年的发妻,苦等的王宝钏有一天在沙上看到一雁,于是咬破了手指写了封血书系在雁足上,后来薛平贵果然看到了这封信,于是有“回窑”之事……这以雁传书的说法自然是由苏武的故事演变而来的传说。是人们因为同情王宝钏的悲惨境遇而加上的传说故事。苦难的民族常在无可奈何的现实中想象一些安慰,于是在过去有许多鱼雁传书,红叶传情等美丽而凄凉的传说产生。

中国有雁塔的传说,雁塔有二,一是现在陕西长安县南的慈恩寺,慈恩寺是唐玄奘所建立的,曾经是宣扬佛教和译经的中心,俗称大雁塔,相传在建此塔的时候,有雁过此而堕,于是建塔的人们把这只雁葬在塔下,因此得名;唐代有“雁塔题名”的事,就是说有一个叫张莒的人偶然经过雁塔寺,就在墙上题自己的名字,后来这个张莒中了进士,于是后来许多中了进士的人就效法他纷纷地到雁塔寺题上自己的名字,后人就把“雁塔题名”当作是科举高中的意思了,其实在塔上题名的人并不全是进士的,僧道俗人也多得是。另一个雁塔是在荐福寺,俗称小雁塔。雁塔的故事原是随着佛教而传进中国的印度传说,不是中国原来旧有的。《西域记》说在古时印度,有一个比丘(出家和尚)见到群雁飞翔,忽然想到,“如果我能够得到一只雁来煮了吃吃,该有多好”,念头刚转过,忽然有一只投到地上死了,佛就对这个和尚说:“这是雁王,你不能吃的,还是把它埋葬了吧!”于是埋了雁,立了塔,就是所谓的“雁塔”,但是我却始终不知道为什么雁王要投地自殒?是为了完成这个想吃雁肉的和尚吗?还是因为这个和尚想吃雁肉的想法觉得羞恨而自杀呢?但有一点我是可以想象的,就是长期素食的和尚是那么渴望吃肉。另外如果落地自殒的不是雁王而是雁奴,那么释迦牟尼是不是就准他的弟子烹而割之呢?

中国有雁门,雁塞和雁荡等山,这些山的命名都是和雁有关的。雁荡山是在浙江乐清县东九十里的地方，传说此山顶有湖，湖水终年不涸，每年春天雁北归的时候，在此留宿，所以称为雁荡山。雁塞根据《梁州记》的说法是在梁州县界，也是传说上有大湖，群雁在此栖息，所以叫做雁塞。雁门则是地名、山名、水名。《山海经》说雁门是因为飞雁出其间所以名为雁门。在中国古代神话里，雁门是在极北之地，有大泽，在雁门的北边，有一个神，叫做烛龙。这个烛龙是人面蛇身，身长千里，他不息不寝不食地整年守在那里，当他眼睛睁开的时候就是白天，当他眼睛闭上时人间就是黑夜了，他吹气的时候就化做大风，人间就是冬天，他呼气的时候就是夏天。烛龙所居的雁门北是终年太阳不到的地方，是一片黑暗的世界，雁门的大泽是群鸟在那里解羽的地方，方千里，又叫瀚海。神话里说有一个耳朵上穿着两条大蛇手里拿着两条大蛇的巨人叫做夸父，他忽然想和太阳赛跑，所以他就跟在太阳后面迈开大步去追赶太阳，结果在西方一个叫虞渊（太阳落下去的地方）终于追上了太阳。但是落日的余晖刺得他口渴，于是巨人夸父就到了黄河和渭水，一口气把黄河和渭水的水都喝干了；但是他还是口渴，所以他决定再往北方走，想到雁门北的大泽去喝水，可惜他没有支持到最后，在中途渴死了；他抛弃了他手中的杖，这手杖马上化成一片茂盛的桃林，所以后来的往北方去的人就不至于因为没水喝而再渴死于道了。中国许多后来的山名地名与雁有关的以及山顶有湖的传说，就是由这个神话演变而后附会以现有地名而来的。

在日本，有"雁风吕"的传说，风吕日本话的意思是"洗澡盆"，雁风吕的传说发生在津轻半岛一带，雁从遥远的北国南飞，它们渡海的时候，口里是衔着一根木枝而飞的，当雁飞了很久,疲倦的时候,就把口里的小木枝丢到海中,然后栖息在这根浮在海面的小木枝上休息。每年秋天的时候,雁群经过日本的津轻半岛,抛下口中的木枝在海里休息过后,就把自己的小木枝留在海中而再越山渡谷地向南飞,因为以后就是山脉和平原,再没有海洋,所以不需要衔着木枝飞行了。雁群在日本南端度过了寒冬,明年春天的时候,又飞回津轻半岛来,那时候它们各自寻找海面上自己去年留下来的木枝,再衔着原来的木枝飞回北方。每年春天的津轻半岛,当雁群过后,海面上总是残留着许多的小木枝,这些小木枝表示着去年经此南飞的雁,今年没有随着雁群回来,没有回来的雁,或者是中途离散了,或者是被猎人打死了,总之,再也不会回来了,海中的每一根小木枝都是一只去年来过的雁的消失了的生命。当地的人到海里把这些小枝子捞起来,集起来用以烧洗澡的热水,为的是焚化这些小枝以安慰那些死去的雁的亡灵,这就是雁风吕的传说。

这个南飞雁口中衔枝的传说大概是当地人见雁漂栖海上身体看起来很轻而附会产生的吧! 虽是空想,可是却也十分的美丽动人。海水中漂浮的小木枝是比较耐烧的,当地的人在每年三月春天的时候,经过了一个闭门不出的寒冷冬天,当三月他们听到北归的雁群的鸣声的时候,就纷纷地出来捡拾这些小木枝了。在这种情形下,产生了这个雁风吕的传说,是雁声使他们知道春天来了,所以当他们捡捞那些海上漂浮的木枝时自然就会想到雁了。这个美丽凄凉的传说背后,也深含着津轻半岛上居民生活的痕迹。

据说雁是白天睡觉而只在夜间才飞行的,在秋天的时候,在月夜的海边到处都可以看到南飞的雁群,每年秋天,雁群从极北的西伯利亚一带向南飞，在南方度过寒冬以后在三月的春天再飞回遥远的北方去。在中国，据说南下的雁群是飞到衡山（湖南衡山县）就驻足不前，栖息下来了，所以衡山有回雁峰，也因此而有“雁阵惊寒，声断衡阳之浦”的王勃名句。

雁不像燕子一样地玲珑多姿，不像燕子一样地在你堂前呢喃多语，雁永远是离你远远的，孤独高傲地飞过，不给你带来什么麻烦，也不向你乞求任何施舍。当雁群来时，它的鸣声告诉你秋天来了，叫你好及早准备迎接将来的寒冬；当雁北归时，你也不必因为它而惆怅，因为归雁已经告诉了你，春天到了。

致大雁

◎赵丽宏

一

在澄澈如洗的晴空里，你们骄傲地飞翔……

在乌云密布的天幕上，你们无畏地向前……

在风雨交加的征途中，你们欢乐地歌唱……

秋天——向南；春天——向北……

仰起头，凝视你神奇的雁阵，我总会有一阵微微的激动，有许多奇妙的联想，有一些难以得到解答的疑问……

大雁呵，南来北去的大雁，你们愿意在我的窗前小作停留，和我谈谈么？

二

有人说你们怯懦——

是为了逃避严寒，你们才赶在第一片雪花飘落之前，迎着深秋的风，匆匆地离开北国，飞向南方……

是为了躲开酷暑，你们才赶在夏日的炎阳烤焦大地之前，浴着暮春的雨，急急地离开南方，飞向北国……

是怯懦么?

为了这一份"怯懦",你们将飞入漫长而又曲折的征途,等待你们的,是峻峭的高山,是茫茫的森林,是湍急的江河,是暴风骤雨,是惊雷闪电,是无数难以预料的艰难和险阻……然而你们起程了,没有半点迟疑,没有一丝畏缩,昂起头颅,展开翅膀,高高地飞上天空,满怀信心地遥望着前方……

是什么力量,驱使你们顽强地作着这样长途的飞行?是什么原因,使你们年年南来北往,从不误期?

是曾经有过的山盟海誓的约会么?

是为了寻找稀世的珍宝么?

告诉我,大雁,告诉我……

三

如果可能,我真想变成一片宁静的湖泊,铺展在你们的征途中。夜晚,请你们停留在我的怀抱里,我要听听你们的喁喁私语,听你们倾吐遥远的思念和向往,诉说征程中的艰辛和欢乐……

如果可能,我也想变成一片摇曳着绿荫的芦苇荡,欢迎你们飞来宿营。也许,当我的温柔的绿叶梳理过你们风尘仆仆的羽毛,掸落你们翅膀上的雨珠灰土之后,你们会向我一吐衷曲,告诉我许多不为世人所知的隐秘和奇遇……

当然,我更想变成你们中间的一员,变成一只大雁。我要紧跟着你们勇敢的头雁,看它是如何率领着雁阵远走高飞的。我要看看——

在扑面而来的狂风之中,你们是如何尖厉地呼号着,用小小的翅膀,搏击强大的风魔……

在倾盆而下的急雨之后,你们是如何微笑着抖落满身水珠,重新窜入云空……

在突然出现的秃鹫袭来之时,你们是如何严阵以待,殊死相搏……

我要看看,在你们的战友牺牲之后,你们是如何痛苦地徘徊盘旋,如何伤心地呜咽悲泣。也许,你们会允许我和你们一起,围着那至死仍作展翅高飞状的死者,洒下一行崇敬的眼泪……

四

猛烈凶暴的飓风和雷电,曾经使你们的伙伴全军覆灭。——在进行了悲壮的搏斗后,天空里一时消失了你们的队列,消失了你们的歌声;广阔无垠的原野上,撒满了你们的羽毛;奔腾起伏的江河里,漂浮着你们的躯体……

我知道你们曾悲哀,你们曾流泪,然而你们会后悔么?你们会因此而取消来年的旅程,因此而中断你们的追求么?

不会的!不会的!

当春风再度吹绿江南柳丝的时候,你们威严的阵容,便又会出现在辽阔的天幕上,向北,向北……

当秋风再度熏红塞外柿林的时候,你们欢乐的歌声,便又会飘漾在湛蓝的晴空里,向南,向南……

你们怎么会后悔呢!你们的追求,千年万载地延续着,从未有过中断!

我想象着你们刚刚啄破蛋壳的雏雁,当你们大张着小嘴嗷嗷待哺的时候，也许就开始聆听父母叙述那遥远的思念，解释那永无休止的迁徙的意义了。而当你们第一次展开腾飞的翅膀，父母们便要带着你们去长途跋涉……

我想象着你们耗尽了精力的老雁，当秋风最后一次抚摸你们衰弱的翅膀，当大地最后一次向你们展示亲切的面容，当后辈们诀别你们列队重上征程，你们大概会平静地贴紧了泥土，安心地闭上眼睛的——你们是在追求中走完了生命之路呵！

大雁，渺小而又不凡的候鸟家族呵，请接受我的敬意！

五

雁阵又出现在湛蓝的晴空里。

我站在地上，离你们那么遥远，然而我觉得离你们很近。我的思绪，常常会跟着你们远走高飞……真的，我真想像你们一样，为了心中的信念，毕生飞翔，毕生拼搏。

一九八二年春

鹤

◎陆蠡

在朔风扫过市区之后，顷刻间天地便变了颜色。虫僵叶落，草偃泉枯，人们都换上臃肿的棉衣，季候已是冬令了。友人去后的寒瑟的夜晚，在无火的房中独坐，用衣襟裹住自己的脚，翻阅着插图本的《互助论》，原是消遣时光的意思。在第一章的末尾，读到称赞鹤的话，说是鹤是极聪明极有情感的动物，说是鸟类中除了鹦鹉以外，没有比鹤更有亲热更可爱的了，“鹤不把人类看作是它的主人，只认为它们的朋友”等等，遂使我忆起幼年豢鹤的故事。眼前的书页便仿佛变成了透明，就中看到湮没在久远的年代中的模糊的我幼时自己的容貌，不知不觉间凭案回想起来，把眼前的书本，推送到书桌的一个角上去了。

那是约摸十七八年以前，也是一个初冬的薄暮，弟弟气喘吁吁地从外边跑进来，告诉我邻哥儿捉得一只鸟，长脚尖喙，头有缨冠，羽毛洁白，“大概是白鹤吧”，他说。他的推测是根据书本上和商标上的图画，还掺加一些想象的成分。我们从未见过白鹤，但是对于鹤的品性似乎非常明了：鹤是清高的动物，鹤是长寿的动物，鹤是能唳的动物，鹤是善舞的动物，鹤象征正直，鹤象征涓洁，鹤象征疏放，鹤象征淡泊……鹤是隐士的伴侣，帝王之尊所不能屈的……我不知道这一大堆的概念从何而来。人们往往似乎很熟知一件事物，却又不认识它。如果我们对日常的事情加以留意，像这样的例子也是常有的。

我和弟弟赶忙跑到邻家去，要看看这不幸的鹤，不知怎的会从云霄跌下，落到俗人竖子的手中，遭受他们的窘辱。当我们看见它的时候，它的脚上系了一条粗绳，被一个孩子牵在手中，翅膀上殷然有一滴血痕，染在白色的羽毛上。他们告诉我这是枪伤，这当然是不幸的原因了。它的羽毛已被孩子们翻得凌乱，在苍茫夜色中显得非常洁白。瞧它那种耿介不屈的样子，一任孩子们挑逗，一动也不动，我们立刻便寄与很大的同情。我便请求他们把它交给我们豢养，答应他们随时可以到我家里观看，只要不伤害它。大概他们玩得厌了，便毫不为难地应允了。

我们兴高采烈地把受伤的鸟抱回来，放在院子里。它的左翼已经受伤，不能飞翔。我们解开系在它足上的缚，让它自由行走。复拿水和饭粒放在它的面前。看它不饮不食，料是惊魂未定，所以便叫跟来的孩子们跑开，让它孤独地留在院子里。野鸟是惯于露宿的，用不着住在屋子里，这样省事不少。

第二天一早，我们便起来观看这成为我们豢养的鸟。它的样子确相当漂亮，瘦长的脚，走起路来大模大样，像个“宰相步”。身上洁白的羽毛，早晨来它用嘴统身搜剔一遍，已相当齐整。它的头上有一簇缨毛，略带黄色，尾部很短。只是老是缩着头颈，有时站在左脚上，有时站在右脚上，有时站在两只脚上，用金红色的眼睛斜看着人。

昨晚放在盂里的水和饭粒，仍是原封不动，我们担心它早就饿了。这时我们遇到一个大的难题：“鹤是吃什么的呢？”人们都不知道。书本上也不曾提起，鹤是怎样豢养的。偶在什么器皿上，看到鹤衔芝草的图画。芝草是神话上的仙草，有否这种东西固然难定，既然是草类，那末鹤是吃植物的吧。以前山村隐逸人家，家无长物，除了五谷之外，用什么来喂鹤呢？那末吃五谷是无疑的了。我们试把各色各样的谷类放在它跟前，它一概置之不顾，这使得我们为难起来了。

“从它的长脚着想，它应当是吃鱼的。”我忽然悟到长脚宜于涉水。正如食肉鸟生着利爪，而食谷类的鸟则仅有短爪和短小活泼的身材，像它这样躯体臃肿长脚尖喙是宜于站在水滨，啄食游鱼的。听说鹤能吃蛇，这也是吃动物的一个佐证。弟弟也赞同我的意见，于是我们一同到溪边捉鱼去。捉大鱼不很容易，捉小鱼是颇有经验的。只要拿麸皮或饭粒之类，放在一个竹篮或筛子里，再加一两根肉骨头，沉入水中，等到鱼游进来，缓缓提出水面就行。不上一个钟头，我们已经捉了许多小鱼回家。我们把鱼放在它前面，看它仍是趑趄踌躇，便捉住它，拿一尾鱼喂进去。看它一直咽下，并没有显出不舒服，知道我们的猜想是对的了，便高兴得了不得。而更可喜的，是隔了不久以后，它自动到水盂里捞鱼来吃了。

从此我和弟弟的生活便专于捉鱼饲鹤了。我们从溪边到池边，用鱼篓，用鱼兜，用网，用钓，用弶，用各种方法捉鱼。它渐渐和我们亲近，见我们进来的时候，便拐着长脚走拢来，向我们乞食。它的住处也从院子里搬到园里。我们在那里掘了一个水潭，复种些水草之类，每次捉得鱼来，便投入其间。我们天天看它饮啄，搜剔羽毛。我们时常约邻家的孩子来看我们的白鹤，向他们讲些“鹤乘轩”“梅妻鹤子”的故事。受了父亲过分称誉隐逸者流的影响，羡慕清高的心思是有的，养鹤不过是其一端罢了。

我们的鹤养得相当时日，它的羽毛渐渐光泽起来，翅膀的伤痕也渐渐平复，并且比初捉来时似乎胖了些。这在它得到了安闲，而我们却从游戏变成工作，由快乐转入苦恼了。我们每天必得捉多少鱼来。从家里拿出麸皮和饭粒去，往往挨母亲的叱骂，有时把鹤弄到屋子里，撒下满地的粪，便成为叱责的理由。祖父恐吓着把我们连鹤一道赶出屋子去。而最使人苦恼的，便是溪里的鱼也愈来愈乖，不肯上当，钓啦，弶啦，什么都不行。而鹤的胃口却愈来愈大，有多少吃多少，叫人供应不及了。

我们把鹤带到水边去，意思是叫它自已拿出本能，捉鱼来吃。并且，多久不见清澈的流水了，在它里面照照自己的容颜应该是欢喜的。可是，这并不然。它已懒于向水里伸嘴了。只是靠近我们站着。当我们回家的时候，也蹦跳着跟回来。它简直是有了依赖心，习于安逸的生活了。

我们始终不曾听到它长唳一声，或做起舞的姿势。它的翅膀虽已痊愈，可是并没有飞飏他去的意思。一天舅父到我家里，在园中看到我们豢养着的鹤，他皱皱眉头说道：

"把这长脚鹭鸶养在这里干什么？"

"什么，长脚鹭鸶？"我惊讶地问。

"是的。长脚鹭鸶，书上称为'白鹭'的。唐诗里'一行白鹭上青天'的白鹭。"

"白鹭！"啊！我的鹤！

到这时候我才想到它怪爱吃鱼的理由，原来是水边的鹭啊！我失望而且懊丧了。我的虚荣受了欺骗。我的"清高"，我的"风雅"，都随同鹤变成了鹭，成为可笑的题材了。舅父接着说：

“鹭肉怪腥臭，又不好吃的。”

懊丧转为恼怒，我于是决定把这骗人的食客逐出，把假充的隐士赶走。我拳足交加地高声逐它。它不解我的感情的突变，徘徊瞻顾，不肯离开。我拿竹帘打它，打在它洁白的羽毛上，它才带飞带跳地逃走。我把它一直赶到很远，到看不见自己的园子的地方为止。我整天都不快活，我怀着恶劣的心情睡过了这冬夜的长宵。

次晨踏进园子的时候，被逐的食客依然宿在原处。好像忘了昨天的鞭挞，见我走近时依然做出亲热样子。这益发触了我的恼怒。我把它捉住，越过溪水，穿过溪水对岸的松林，复渡过松林前面的溪水，把它放在沙滩上，自己迅速回来。心想松林遮断了视线，它一定认不得原路跟踪回来的。果然以后几天内园子内便少了这位贵客了。我们从此少了一件工作，便清闲快乐起来。

几天后路过一个猎人，他的枪杆上挂着一头长脚鸟。我一眼便认得是我们曾经豢养的鹭，我跑上前去细看，果然是的。这回子弹打中了头颈，已经死了。它的左翼上赫然有着结痂的创疤。我忽然难受起来，问道：

“你的长脚鹭鸶是哪里打来的？”

“就在那松林前面的溪边上。”

“鹭鸶肉是腥臭的，你打它干什么？”

“我不过玩玩罢了。”

“是飞着打还是站着的时候打的？”

“是走着的时候打的。它看到我的时候，不但不怕，还拍着翅膀向我走近哩。”

“因为我养过它，所以不怕人。”

“真的么?”

“它左翼上还有一个伤疤,我认得的。”

“那末给你好了。”他卸下枪端的鸟。

“不要,我要活的。”

“胡说,死了还会再活么?”他又把它挂回枪头。

我似乎觉得鼻子有点发酸,便回头奔回家去。恍惚中我好像看见那只白鹭,被弃在沙滩上,日日等候它的主人,不忍他去。看见有人来了,迎上前去,但它所接受的不是一尾鱼而是一颗子弹。因之我想到鹭也是有感情的动物。以鹤的身份被豢养,以鹭的身份被驱逐,我有点不公平吧。

我的黑面情人

◎刘克襄

每年十月初，栖息在北方的黑面琵鹭族群都会南下，飞往南方的海岸或河口度冬。其中最大的一支族群，则固定会飞到台湾南部的曾文溪口。

根据近几年从卫星发报器的追踪调查，这一出发的地点，可能包括了辽东半岛沿岸的一些岛屿，以及朝鲜几处不知名的小岛。但当地政府单位基于自然保育或国防原因，并未确切地公布地点。

飞抵台湾的族群，晚近的调查数量至多不过五百多只，却几占全世界三分之二。其他则零星分散在亚洲各地，诸如琉球、香港、越南北部或福建沿海。秋末起，它们会在曾文溪河口和附近的渔塭环境栖息，滞留到隔年春暖花开的三月中旬，再顺西南季风，启程北返。

从黑面琵鹭族群栖息的范围圈来看，如果把太平洋放在地图上头的北方，东海和黄海这时很像地中海，它们仿佛回教徒，每年从北非旅行到阿拉伯世界朝圣。从亚洲著名大鸟的集体迁徙来比较，丹顶鹤、白额雁或东方白鹳族群基本上都是内陆型的大移动，像黑面琵鹭如此集体跨海，却是相当罕见。

大鸟素来有明显而固定的祖先繁殖区和度冬地，黑面琵鹭亦然。通常，成鸟族群会率先飞抵，接着是亚成鸟为主的队伍。秋末时，它们抵达传统度冬的曾文溪口，多半已卸下亮丽的春羽，换好冬羽。就像我们常见的白鹭鸶，一身洁白的羽衣。

唯一不同的是，那一张长相奇特，犹如狭长琵琶的黑色大嘴。白天，我们前往曾文溪口观察，它们多半处于休息的状态下。一只挨着一只，无数只黑色匙嘴和白羽的肥胖身子，静默地集聚在一起。像一排白色的海岸防风林，躲避着东北风的吹袭。若受到惊扰，才会群体飞起，远扬。停降到另一个泥滩休息。

十多年前，我率先写了篇报导，提醒这种鸟类可能濒临灭绝。如今大家不只知道它们是东亚稀有的鸟种，经过晚近的长期观察，更慢慢地揭开这种海岸大鸟的生态行为和繁殖地点的神秘面纱。

它们的觅食习性相当接近一种西方的近亲欧洲琵鹭，完全依靠琵嘴的触觉觅食。这种琵鹭科特有的觅食方式，和其他涉禽也截然不一。其他大型岸鸟，如苍鹭、小白鹭、夜鹭等，多半用敏锐的双眼和长嘴捕捉鱼类或虾蟹。

依靠触觉下，黑面琵鹭的嘴自然密布触觉神经。同时，进化出相当特异的嘴喙，嘴内有许多勾角。当它们捉到鱼往下吞时，尽管鱼身滑溜，却不易钻出。它们的下颚也有一个良好的空间，软软的黑色喉囊可以储存大量捉到的鱼获。许多水鸟都有类似的功能，好让它们携带充裕的食物，回到巢边喂食。在北方繁殖期时，黑面琵鹭这种储存的功能，让守候在巢的幼鸟不致长期挨饿。成鸟回到巢时，幼鸟会主动将头伸入喉囊，尽情地摄取食物。

此外，它们的上喙尖端也发展出类似梳子的结构，颇适合梳理。我们从望远镜里就常有机会观察到，同伴间常相互整理头部的羽毛。

由于不需要靠视觉，黑面琵鹭的觅食时间多半在黄昏和晚上。光线黝暗，水波不平而混浊的状况，反而最适合它们活动。这时捕捉到鱼的几率也增大许多。

其实，这种靠触觉捕鱼的觅食方式，若是单只活动，一定相当吃力。所以，黑面琵鹭采取群体围捕的方式捉鱼，藉以减轻个已体力的付出。它们集体用力踩踏，将惊慌的鱼群赶到一处水面集中，藉以轻松地捕捉。

通常，黑面琵鹭群最喜欢在涨退潮之际，跟在鱼群后，快速奔跑捉鱼，有时甚而展翅跳跃，看来仿佛跳舞。若是在冬夜的月光下，波光粼粼，黑影舞动，更是曼妙。在一波波海潮的配乐里，它们尽情地展露生活的舞姿，生命的尊严。这是黑面琵鹭觅食时最教人震撼的一幕。我在初次报导时，特别以“黑面舞者”称呼。

根据专家的调查，雄鹭在大型的水域中比较能成功捉鱼，而亚成鸟和雌鸟捕鱼的技巧比较差，相对地，在小型水域捉到的几率较高。而一般说来，雄鹭的嘴比例上比雌鹭的长，连腿也比较长，就不知是否因了如此，前者较容易捕捉到食物。

过去，根据赏鸟人的观察，由于无法获得充裕的食物，在潮间带觅食过后，雌鸟和亚成鸟还会到内陆的鱼塭补充食物。曾文溪口的废鱼塭，栖息的主要是小吴郭鱼，相信那便是它们的主食。小虱目鱼反而捉到的较少。

它们在集体围捕时，旁边会有其他不同种的水鸟作伴。何以如此？原来，它们的集体行动往往会惊起许多鱼群和水中生物的胡乱蹦跳，正好提供了其他鸟类猎捕的机会。尤其是鹭鸶科鸟类，最爱跟在黑面琵鹭族群之后捕鱼，从中获利。

譬如大白鹭就经常尾随。一团黑白的身影里，总有一只长长的脖子，如烟囱露出。相对的，大白鹭脖子长，适于警戒周遭环境。黑面琵鹭跟它们在一起，似乎可以更安心地捕食。猜想这种大鸟集聚，靠着集体的力量，各取所需。跟其他岸鸟、林鸟的合作觅食，有着相似的效益吧。

吃饱了时，它们依旧选择空旷的地方栖息。这时，我们最常看到它们相互整理头部的羽毛。有时，还在土堤捡拾枯枝之类的物品，玩耍、斗嘴和嬉戏，亚成鸟则常被成鸟教训。显见它们智商颇高，个体间已发展出紧密的社会关系。

不过，最终它们还是会飞回曾文溪口北侧的浮覆地，在这块族群固定休息的老地方养精蓄神。一只挨着一只。偶有单脚伫立者，也有蹲伏着双膝，藉以保暖者。如此静默地集聚着，再度形成海岸的白色防风林，躲避东北风的吹袭。

大体说来，它们是晚熟型鸟类，亚成鸟要三年才会长大为成鸟。目前，从黑面琵鹭嘴形的大小，我们可以判断出雌雄。黑嘴更是判断雌雄鸟的依据。雌鸟的嘴明显地比雄鸟的短了点。雌鸟的琵嘴约和颈部等长，雄鸟就长过许多。嘴巴上的横纹则如树木的年轮一样，可以概略判断年龄。横纹愈多，代表年岁愈大。从肩羽的黑白，更能判断出是否为亚成鸟。如果是亚成鸟，肩羽摊开时，末端会有黑斑。

而眼睛又是另一个辨别的依据。成鸟的眼睛在春天时会转变成红色,脸颊有黄斑。一两岁的亚成鸟依旧是黑色。春天时,更加明显,因为成鸟的头部和颈部会转变成金黄色的繁殖期羽毛。

有了这些外形的种种辨认方法,我们可以估算出这支黑面琵鹭族群的组合成员。有些鸟类学者更进一步,从亚成鸟数量的多寡,评估整个族群的健康情形。目前,曾文溪口黑面琵鹭族群成鸟和亚成鸟的数量分布相当平均,显示族群生长稳定,这是非常可喜的现象。

我第一次看到黑面琵鹭,记得是二十年前四月的关渡沼泽区。那是一只亚成鸟,可能在北返的路上,为何落单就不知其因了。据说,亚成鸟都要两三年后才会回到繁殖地,我想它会落单恐怕与此有关吧?那时,也不知道它们的数量已经濒临绝种,所以只当成是台湾的稀少鸟种,以为世界其他地区仍有很多。

至于,曾文溪口的那一群,每回看到它们时,总会想起两个人。一百年前的英国鸟类学者拉图许,以及日据时代的台南博物馆馆长风野铁吉。他们分别在自己的年代,见过这一群黑面琵鹭的祖先。

一八九三年时,拉图许搭船抵达台湾,这位最早写出中国鸟类书籍的西方人,在报告里特别注明,自己发现了一群黑嘴的白色大鸟,远远地伫立在潮间带的泥滩地。他认为是琵鹭族群。

琵鹭的外形和黑面琵鹭近似,也都很好辨认,不易观察错误。当时,他并没有很好的望远镜,遂以为是琵鹭。但细心且有经验的赏鸟人应该不难研判,它们绝对不可能是琵鹭。自有鸟类观察和记录以来,琵鹭在台湾一直是相当稀少的鸟种。

他看到的无疑是后者。一支在台湾拥有长远栖息历史，偏好废弃盐田和虱目鱼渔塭的大鸟族群。有趣的是，拉图许一直以为这趟旅行非常失败，并未找到任何特殊鸟种。未料到百年后，我竟替他翻案。

或许，有人会认为这种考证过于大胆。但同一个海岸，到了日据时期三〇年代时，又有人提出亲眼目睹的证据。在台南博物馆工作的鸟类研究者风野铁吉，应该是有带望远镜吧？他确切地查证，证明是一支黑面琵鹭族群。若按一只琵鹭的年纪推算，风野铁吉看到的那一群，恐怕是九〇年代这一群的曾曾曾曾……，不知好几个曾的祖父辈呢！

但最确切的证据，或许是当地人的亲自口述了。我和朋友在不同时期去那儿观察，都获得相似的有趣田野资讯。当地六七十岁捕鱼的村民，或照顾渔塭的老妪都说过，小时候这群大鸟就固定来这儿觅食了，没想到现在还生活在这儿。当地人叫它们，挠杯。原来，他们观察到琵鹭喜欢把嘴放在水里左右摆动，觅食鱼类，因而有如此熟悉的台语昵称。可见，当地人对它们是多么的熟悉。

悲哀的是，黑面琵鹭族群稀少，大部分都栖息在台湾，这样的事实过去并未受到重视。十年前，在众目睽睽的时候，居然有不肖的猎人，暗地里打伤了其中的一只，日后不治死亡。这个消息一经媒体公布以后，黑面琵鹭的存亡，上了报纸头条，才引发许多生态保育团体的关心。

从百年前就在这儿生活，现在却持续面临栖地破坏，以及去年觅食的集体中毒，不禁让人再次担心，它们是否有一个安居乐业的未来。过去，它们这一特殊迁徙行径和数量的稀少，只被视为台湾生态保育的指标。但想想看，它们和早年的汉人一样冒险渡海来台,寻觅度冬的家园。从历史文化背景的渊源,我们对它们的每年到来,或许更该充满微妙的历史情愫吧。

2004 年

注:黑面琵鹭,香港称为黑脸琵鹭。截至 2010 年的调查,福建沿海和台湾曾文溪口等地,黑面琵鹭皆有近千只以上的族群,香港米浦亦有六七百只,数量仍属于稀有状态。

鸦

◎施蛰存

对于乌鸦,不知怎的,只要一听到它的啼声,便会无端地有所感触。感触些什么,我也不能分析出来,总之是会使我悲哀,使我因而有种种的联想,使我陷入在朦胧的幽暗之中,那是有好几回了。

我对于乌鸦的最早的认识在什么时候,那是确已记不起了。只是小时候随着父母住在苏州的时候,醋库巷里租住屋的天井里确是有着两株老桂树,而每株树上是各有着一个鸦巢。对于乌鸦的生活加以观察,我是大概从那时候开始的。

我到如今也常常惊异着自己的小时候的性格。我是一向生活在孤寂中,我没有小伴侣,散学归家,老年的张妈陪伴着母亲在堂上做些针黹,父亲尚未回来,屋宇之中常是静悄悄地,而此时我会得不想出去与里巷中小儿争逐,独自游行在这个湫隘又阴沉的天井里。这是现在想来也以为太怪僻的。秋日,桂叶繁茂,天井便全给遮蔽了,我会得从桂叶的隙缝中窥睨着烟似的傍晚的天空,我看它渐渐地冥合下来,桂叶的轮廓便慢慢地不清楚了,这时候一阵鸦噪声在天上掠过。跟着那住在我们的桂树上的几个鸦也回来了。它们在树上哑哑地叫喊,这分明是表示白日之终尽。我回头看室内已是灯火荧荧,晚风乍起，落叶萧然，这时我虽在童年，也好像担负着什么人生之悲哀，为之怅然入室。

这是我在幼小时候，鸦是一种不吉的禽的知识还未曾受到，已经感觉着它对于我的生命将有何等的影响了。

以后，是在病榻上，听到侵晓的鸦啼，也曾感觉到一度的悲哀。那时候是正患着疟疾，吃了金鸡纳霜也还没有动静，傍晚狂热，午夜严寒，到黎明才觉清爽，虽然很累了，但我倒不想入睡。砺壳窗上微微地显出鱼肚白色，桌上美孚灯里的煤油已将干涸，灯罩上升起了一层厚晕，火光也已衰弱下去。盛水果的瓷碟，盖着一张纸和压着一把剪刀的吃剩的药碗，都现着清冷的神色，不像在灯光下所见的那样光致了。于是，在那时候，忽听见屋上哑哑地掠过几羽晓鸦，这沉着的声音，顿然会使我眼前一阵黑暗，有一种感到了生命之终结的预兆似的悲哀兜上心来。我不禁想起大多数病人是确在这个时候咽气的，这里或许有些意义可以玩味。

在夕照的乱山中，有一次，脚夫替我挑着行李，彳亍着在到大学去的路上，昏鸦的啼声也曾刺激过我。我们从蜿蜒的小径，翻过一条峻坂，背后的落日把我们的修长的影子向一丛丛参天的古木和乱叠着的坟墓中攒刺进去。四野无人，但闻虫响，间或有几支顶上污了雀屎的华表屹立在路旁，好像在等候着我们，前路是微茫不定，隐约间似还有一个陡绝的山峰阻住着。晚烟群集，把我们两个走乏了的人团团围住，正在此际，忽又听见从林密箐之中，有鸦声凄恻地哀号着，因为在深沉的山谷里，故而回声继起，把这声音引曳得更悠长，更悲哀。

我不禁打了个寒战，好像有对此苍茫，恐怕要找不到归宿之感。这是到现在也还忘记不了的一个景色。

此外，还有一回，是在到乡下去的小划船里。对面坐着的是一个年轻的农家妇，怀里抱着一个两三岁的婴孩。起先一同上船的时候，我就看出她眉目之间，似乎含着一种愁绪。虽然也未尝不曾在做着笑容引逗她的孩子，但我猜度她必定有着重大的忧愁，万不能从她的心中暂时排去了的。

橹声咿哑，小小的船载着我们几个不同的生命转过了七八支小川。这时正是暮春，两岸浓碧成荫，虽有余阳，已只在远处高高的树杪上闪其金色。翠鸟因风，时度水次，在我正是凭舷览赏的好时光，然而偶然侧眼看那农家少妇，则是娇儿在抱而意若不属，两眼凝看长天，而漠然如未有所见。淳朴的心里，给什么忧虑纷扰了呢，我不禁关心着她了。

但后来，从她问摇船人什么时候可以到埠，以及其他种种事情的时候，我揣度出了她是嫁在城里的一个农家女，此番是回去看望她父亲的病。而她所要到的乡村也正是我所要在那里上岸的。我又从她的急迫，她的不安这种种神情里猜度出这个可怜的少妇的父亲一定是病得很重的了。也许这个时候他刚正死呢？我茫然地浮上这种幻觉来。

终于到达了。我第一个上了岸。这儿是一大片平原，金黄的夕阳了无阻隔地照着我，把我的黑影投在水面，憧憧然好像看见了自己的灵魂。我在岸边迟疑了一会儿，那忧愁着的少妇也抱着她的孩子，一手还提着一个包裹上岸了。正在这时光，空中有三四羽乌鸦不知从什么地方飞来，恰在她头顶上鸣了几声。是的，即使是我，也不免觉得有些恐怖了，那声音是这样的幽沉，又这样的好像是故意地！我清楚地看见那可怜的少妇突然变了脸色，唾了三口，匆匆地打斜刺里走了去。

在她后面，我呆望着她。夕阳里的一个孱弱者的黑影，正在好像得到了一个不吉的预兆而去迎接一个意料着的悲哀的运命。我也为她心颤了。我私下为她祝福，我虽然不托付给上帝，但如果人类的命运有一个主宰的话，我是希望他保佑她的。

抬头看天宇清空，鸦的黑影已不再看得见，但那悲哀的啼声还仿佛留给我以回响。再也不能振刷起对于乡村风物的浏览的心情，我也怆然走了。

从我的记忆中，抽集起乌鸦给我的感慨，又岂止这几个断片，而这些又岂是最深切的。只是今天偶然想起，便随手记下了些，同时也心里忽时想起对于乌鸦之被称为不吉之鸟这回事，也大可以研究一番。

我所要思考的是在民间普遍都认乌鸦为不吉祥的东西，这决不会单是一种无意义的禁忌。这种观念的最初形成的动机是什么呢？在《埤雅》所记是因为鸦见异则噪，故人唾其凶。这样说起来，则并非乌鸦本身是含有不祥。它不过因看见异物而噪，人因它之噪而知有异物，于是唾之，所以唾者，非为鸦也，这样说来，倒也颇替乌鸦开脱，但是民间习俗，因袭至今，却明明是因为鸦啼不吉，所以厌之，因此我们现在可以玩味一番民间何以不以其他的鸟，如黄莺，如杜鹃，或燕子，为不祥，而独独不满于鸦的啼呢？

这种据我的臆断，以为鸦的黑色的羽毛及其啼叫的时间是很有关系的。它的满身纯黑，先已示人以悲感，而它哑哑然引吭悲啼的时候，又大都在黎明薄暮，或竟在午夜，这些又是容易引起一个人的愁绪的光景。在这种景色之中，人的神经是很衰弱的，看见了它的黑影破空而逝，已会得陡然感觉到一阵战栗，而况又猛然听到它的深沉的、哀怨的啼声呢？

是的，这里要注意的是它的啼声的深沉与哀怨。因为黑的，在黎明，薄暮，或午夜啼的鸟，不是还可以找得出例子来，譬如鹊子吗？讲到鹊，人就都喜欢它了。这里不应当指明一点区别来吗！所以我曾思考过，同一的黑色，同一的在一种使人朦胧的时候啼叫，而人却爱鹊恶鸦，这理由是应当归之于鸦的啼声了。我说鸦是一大半由于它的啼声太深沉又太悲哀，不像鹊鸣那样的爽利，所以人厌恶它。这里也并不是完全的杜撰，总有人会记得美国诗人爱仑坡所写的那首有名的《咏鸦诗》。在沉浸于古籍之中几乎要打瞌睡的时候，我们的诗人因为那在 Pallas 半身像上面的 Ebony-bird 的先知似的幻异的啼声，感兴起来，写成这篇千古不磨的沉哀之作。这首诗的好处不是人人都知道是在它的悲哀协韵么？从这匹乌鸦的哀啼，诗人找出 Nevermore 这个字来，便充分地流泻出他的诗意的愁绪。这不是诗人认为鸦啼是很悲哀的明证吗？至于这首诗里的时候又是在十月的寒宵，景色正又甚为凄寂。所以偶然想起此诗，便觉得对于鸦啼的领略，爱仑坡真已先我抉其精微了。

但是这个观念，其实仔细想来，也未免太诗意的了。听了鸦啼而有无端悲哀之感，又岂是尽人皆然之事？譬如像在上海这种地方，挟美人薄暮入公园，在林间听不关心的啼鸦，任是它如何的鼓噪，又岂会真的感到一丝愁绪？或则在黎明时分，舞袖阑珊，驱车而返，此际是只有襟上余香，唇透宿酒的滋味,傍晚鸦啼过树梢头,即使听见,又何曾会略一存想?然则鸦啼也便不是一定能给人以感动的。总之,不幸而为一个感伤主义者,幽晦的啼鸦,便会在他的情绪上起作用了。而我也当然免不了是其中的一个。

一九三〇年八月

听鸦叹夕阳

◎张恨水

北平的故宫,三海和几个公园,以伟大壮丽的建筑,配合了环境,都是全世界上让人陶醉的地方。不用多说,就是故宫前后那些老鸦,也充分带着诗情画意。

在秋深的日子,经过金鳌玉栋桥,看看中南海和北海的宫殿,半隐半显在苍绿的古树中。那北海的琼岛,簇拥了古槐和古柏,其中的黄色琉璃瓦,被偏西的太阳斜照着,闪出一道金光。印度式的白塔,伸入半空,四周围了杈丫的老树干,像怒龙伸爪。这就有千百成群的乌鸦,掠过故宫,掠过湖水,掠过树林,纷纷飞到这琼岛的老树上来。远看是黑纷腾腾,近听是呱呱乱叫,不由你不对了这些东西,发生了怀古之幽情。

若照中国词章家的说法,这乌鸦叫着宫鸦的。很奇怪,当风清日丽的时候,它们不知何往?必须到太阳下山,它们才会到这里来吵闹。若是阴云密布,寒风瑟瑟,便终日在故宫各个高大的老树林里,飞着又叫着。是不是它们最喜欢这阴暗的天气?我们不得而知。也许它们讨厌这阴暗天气,而不断地向人们控诉。我总觉得,在这样的天气下,看到哀鸦乱飞,颇有些古今治乱盛衰之感。真不知道当年出离此深宫的帝后,对于这阴暗黄昏的鸦群作何感想?也许全然无动于衷。

北平深秋的太阳,不免带几分病态。若是夕阳西下,它那金紫色的光线,穿过寂无人声的宫殿,照着红墙绿瓦也好,照着这绿的老树林也好,照着飘零几片残荷的湖淡水也好,它的体态是萧疏的。宫鸦在这里,背着带病色的太阳,三三五五,飞来飞去,便是一个不懂画的人,对了这景象,也会觉得衰败的象征。

一个生命力强的人,自不爱欣赏这病态美。不过在故宫前,看到夕阳,听到鸦声,却会发生一种反省,这反省的印象给予人是有益的。所以当每次经过故宫前后,我都会有种荆棘铜驼的感慨。

(1944 年 10 月)

海燕

◎郑振铎

乌黑的一身羽毛，光滑漂亮，积伶积俐，加上一双剪刀似的尾巴，一对劲俊轻快的翅膀，凑成了那样可爱的活泼的一只小燕子。当春间二三月，轻飏微微的吹拂着，如毛的细雨无因的由天上洒落着，千条万条的柔柳，齐舒了他们的黄绿的眼，红的白的黄的花，绿的草，绿的树叶，皆如赶赴市集者似的奔聚而来，形成了烂漫无比的春天时，那些小燕子，那末伶俐可爱的小燕子，便也由南方飞来，加入了这个隽妙无比的春景的图画中，为春光平添了许多的生趣。小燕子带了他的双剪似的尾，在微风细雨中，或在阳光满地时，斜飞于旷亮无比的天空之上，唧的一声，已由这里稻田上，飞到了那边的高柳之下了。再几只却隽逸的在潾潾如縠纹的湖面横掠着，小燕子的剪尾或翼尖，偶沾了水面一下，那小圆晕便一圈一圈的荡漾了开去。那边还有飞倦了的几对，闲散的憩息于纤细的电线上，——嫩蓝的春天，几支木杆，几痕细线连于杆与杆间，线上是停着几个粗而有致的小黑点，那便是燕子，是多么有趣的一幅图画呀！还有一家家的快乐家庭，他们还特为我们的小燕子备了一个两个小巢，放在厅梁的最高处，假如这家有了一个匾额，那匾后便是小燕子最好的安巢之所。第一年，小燕子来住了，第二年，我们的小燕子，就是去年的一对，他们还要来住。

“燕子归来寻旧垒。”

还是去年的主，还是去年的宾，他们宾主间是如何的融融泄泄呀！偶然的有几家，小燕子却不来光顾，那便很使主人忧戚，他们邀召不到那么隽逸的嘉宾，每以为自己运命的蹇劣呢。

这便是我们故乡的小燕子，可爱的活泼的小燕子，曾使几多的孩子们欢呼着，注意着，沉醉着，曾使几多的农人们市民们忧戚着，或舒怀的指点着，且曾平添了几多的春色，几多的生趣于我们的春天的小燕子！

如今，离家是几千里！离国是几千里！托身于浮宅之上，奔驰于万顷海涛之间，不料却见着我们的小燕子。

这小燕子，便是我们故乡的那一对，两对么？便是我们今春在故乡所见的那一对，两对么？

见了他们，游子们能不引起了，至少是轻烟似的，一缕两缕的乡愁么？

海水是皎洁无比的蔚蓝色，海波是平稳得如春晨的西湖一样，偶有微风，只吹起了绝细绝细的千万个粼粼的小绉纹，这更使照晒于初夏之太阳光之下的、金光灿烂的水面显得温秀可喜。我没有见过那末美的海！天上也是皎洁无比的蔚蓝色，只有几片薄纱似的轻云，平贴于空中，就如一个女郎，穿了绝美的蓝色夏衣，而颈间却围绕了一段绝细绝轻的白纱巾。我没有见过那末美的天空！我们倚在青色的船栏上，默默的望着这绝美的海天；我们一点杂念也没有，我们是被沉醉了，我们是被带入晶天中了。

就在这时，我们的小燕子，二只，三只，四只，在海上出现了。他们仍是隽逸的从容的在海面上斜掠着，如在小湖面上一样；海水被他的似剪的尾与翼尖一打，也仍是连漾了好几圈圆晕。小小的燕子，浩莽的大海，飞着飞着，不会觉得倦么？不会遇着暴风疾雨么？我们真替他们担心呢！

小燕子却从容的憩着了。他们展开了双翼，身子一落，落在海面上了，双翼如浮圈似的支持着体重，活是一只乌黑的小水禽，在随波上下的浮着，又安闲，又舒适。海是他们那么安好的家，我们真是想不到。

在故乡，我们还会想象得到我们的小燕子是这样的一个海上英雄么？

海水仍是平贴无波，许多绝小绝小的海鱼，为我们的船所惊动，群向远处窜去；随了他们飞蹿着，水面起了一条条的长痕，正如我们当孩子时之用瓦片打水镖在水面所划起的长痕。这小鱼是我们小燕子的粮食么？

小燕子在海面上斜掠着，浮憩着。他们果是我们故乡的小燕子么？

啊，乡愁呀，如轻烟似的乡愁呀！

（1932 年）

旧燕

◎张中行

讲不清什么理由，人总是觉得几乎一切鸟都是美的，可爱的。一切太多，如果只许选家禽之外的一种，以期情能专注，不知别人怎么样，我必选“燕”。理由可以举很多，其中一项最重要，是与人亲近，而且不忘旧。我是北国城（长城）南人，成年以前住在乡下，先是土坯屋，后改砖瓦屋，都是祖传形式，正房（多坐北）五间，东西厢房各三间，小康及以上人家兼有前后院。正房靠东西各两间住人，中间一间两旁砌柴灶，可以起火做饭（冬日兼取暖）。这一间前部有门，如果有后院，后部也有门，就成为前后、内外的通路。有意思的是前部的门，两层：靠外的方形，只遮下半，向外开，名为风门；靠里的左右两扇，高及顶，向里开，白日大敞，入睡前才关闭。这样，起来之后，入睡之前，这间通路房的前门就总是半敞着。是不是欢迎燕来住半年，生儿育儿呢？说不清楚，因为祖祖辈辈都是“不识不知，顺帝之则”。还是说事实，总是公历四五月之间，估计就是去岁那一对，回来了。门外罕有长者车辙的小家小户添了热闹，风门之上，燕飞入飞出，早期是衔泥筑巢或补巢，其后是产卵孵化，再其后是打食喂雏鸟。人也忙，因为正是春种到秋收的时候。现在回想，其实不是因为都忙，而很可能是都具有（无意的）“天地与我并生，万物与我为一”的大德，才能够如此和平共处。关于和平共处，还可以具体说说。只说两件，都属于克己谅人的，先说燕一方，巢筑在屋顶稍靠后的一根檩上，灰白色，作簸箕形，口敞开，向外偏上，农家早中晚三顿饭都要烧柴，烟气火气上升，推想在巢里必不好过，可是没看见有不安然的表示。再说人一方，吃饭放矮长方桌，位置恰好在燕巢之下，小燕黄口待食的时候常有粪便落下，怎么对付呢，照例是饭桌移动位置，而不说抱怨的话。人燕和平共处，由人方面说是鸟兽可与同群，取其诗意，可以说是羲皇上的境界。

羲皇上与现代化难得协调，于是由二十年代后期起，我出外上学，离开乡村的祖传式房，改为住学校宿舍，住北京的四合院，门不再是上部半敞的风门，室内不见檩，也就再也见不到燕巢以及燕飞入飞出了。有时想到昔日，很怀念。幸而还有个余韵，是七十年代早期，我由干校放还，人未亡而家已破，当然还要活下去，只好妇唱夫随，到北京大学女儿家寄居。住房是五十年代建的四层砖楼，比较高大，楼前有两排杨树，像是与楼房比赛，钻得很高。我们夫妇住的一间南向，前面有阳台，未维新，用玻璃封闭，因而成为敞而且亮。记不清是哪一年，四月末或五月初，竟飞来一对燕，选定上方近西南角，筑巢了。我很高兴，想到又可以与燕结邻，心里热乎乎的。老伴也高兴，说燕相中筑巢是个好兆头。巢筑得不慢，常常见“空梁落燕泥”。及至筑成，我吃了一惊，竟不是簸箕形，而是鱼壶形，长圆，近上部的一旁开个小口，仅能容燕身出入。我至今不明白，是另一种燕呢，还是在乡随乡，在城随城呢？两种巢相比，我还是更喜欢家乡那一种，因为可以看见雏鸟的黄口。但总是又来身旁了，应该庆幸。庆幸之余，有时想到次年，至时还会回来吧？不负所望，次年的春末准时回来。可是像是心不安定,先是利用旧巢,不久又筑新巢。也许对环境有什么意见吧,第三年回来,飞旋几次,看看旧居,远去,就不再来。

其后是时和地更现代化,我迁入北郊的一座高层楼,居室有窗,有阳台,都封闭,蚊蝇尚不能入,更不要说燕了。由楼窗下望,有空地,却永远看不到"乍晴池馆燕争泥"的景象。常想到乡村的旧居,可惜先则人祸,家里人都散而之四方,继以天灾(地震),房屋倒塌,现在是连遗迹也没有了。其他人家,会不会仍保留祖传的风门,年年有旧燕归来飞入飞出呢?但愿仍是这样。不过,纵使能够这样,总是离我太远了。那么,关于旧燕,我所能有,就只是一首昔年作也未能离开失落感的歪诗了,这是:

漫与寒衾梦绣帏,
天街细雨湿春衣。
年年驿路生新草,
旧燕归时人未归。

燕子

◎刘湛秋

也不知是由于污染？或林木的减少？或人烟的纷杂？在我们城市上空，鸟是不多的。抬眼一望，缺少灵活的飞翔的东西，总有些寂寞。不过偶尔穿过立交桥下，倒见到很多老人，几乎人手一笼，真像是百鸟朝凤，或者在开赛鸟会。清脆的鸣声几乎可以压过隆隆的车辆。可惜那些鸟只有一块非常小的飞行天地，并不能带来天空的欢乐。

可有一次在要下雨的时候，我在高层楼上眺望窗外，忽然发现许多燕子，在上下翻飞，盘旋，一下子使我惊喜了。啊，这么多可爱的燕子，它们是从哪儿来的呢？许是远方雨丝的手把它们牵来的。它们飞啊，呢喃地欢叫着。也许这时候是捕食虫子的好时机，也许它们渴慕湿润的雨。我的眼睛也被这一片欢乐所照亮。后来，我就经常留意窗外，间或在晴空的灰黄中，也掠过一些燕子。我想，它们可能就住在城里，只是这成群的高楼，混凝土那么严实，它们可在哪儿做窝？

我是喜欢燕子的，和它很有一番感情。幼时在家乡长江边上一个小城，我们住的瓦房横梁上，每年都有这美丽娇小的客人。它们一点也不怕人。因为没有人去伤害它们。它们开始衔着泥，灵巧地造着窝。为了使它们搭窝更方便，家里大人往往在横梁上安放一块小托板；有了这底座，造窝就方便多了。看它们衔泥衔草来回奔忙,对我们孩子来说,真是一件十分惬意的事。我有时能观察一两个小时,并计算它们飞来多少次。忽而欣喜地拍着手:“瞧,衔来的这片羽毛真好看!”叔叔往往笑着对我说:“燕子就喜欢跟孩子交朋友,燕子是益鸟。”我弄不懂益鸟,他就说:“专吃坏虫子的。”

更为欢乐的是,还能见到孵小燕子。我没见过燕子蛋。虽然我们家屋顶很矮,大人只要搭一张凳子,抬手就能够着燕子窝,但我没见过任何大人碰它。燕子窝是很好看的,像只小船,四周像雕刻,有着漂亮的斑纹,决不像乌鸦的窝那么难看。雏燕孵出后,家里也像有了生气,孩子们第一个报告喜讯,给成天为柴米油盐而愁苦的大人脸上添一丝微笑。那些雏燕张着嘴巴待哺的样子真动人。老燕子一口一口喂它们,慈祥而又耐心。一直等吃饱了,才停止那叽叽喳喳的吵嚷。这种温暖大概多少也给人类一些善意的启示。

去年,我去长白山,在攀天池的路口,长白瀑布飞腾而下,溅起无数的水珠,漫开一片雾气。因高寒而寂静的山上,忽然响起欢快的乐曲。我抬眼一看,半空中简直成了燕子的世界,数不清的燕子呢喃着,在瀑布雨中嬉戏。刹那间,一种升腾而上的温暖驱散了高山的凉意。谁能想到,在这个连岳桦树都不能生长的高山上,它们也来了,而且给爬山的人一种难以名状的欢乐和勇气。

我不知道燕子在世界繁殖的状况,但它在中国却是普遍的,和柳树一样普遍;虽然它不算什么出色的鸟类,也没有使人爱到要想把它关进笼里观赏的程度,但它那蓝黑色的娇小的身躯,衬托着尾基的白色,显出一种静美。它飞翔时的灵巧、平滑,有如潮水上掠过一道波纹;那交叉的尾部,给人多少诗意的造型，据说它飞行的速度，能达到每小时二百多公里，几倍于火车的速度。当然，它没有华丽的羽毛，也没有优美的嗓音。但它却是最和人亲近的，和我们中国人最亲切的一种鸟。如果将来要选什么"国鸟"的话，我想至少我会投它一票的。

现在，我们陆续住进框架式的高楼，没有给燕子的屋梁了。但它们仍会找到栖息与繁衍之处，和我们一起生活在这美好的空间；它们和人一样，能适应各种各样环境。我希望燕子能在我们上空多起来，也和鸽子和其他鸟一样，它们不会妨碍人，而会带来宁静、欢乐和温暖。

鸽的悲哀

◎陈翔鹤

驯美的白鸽儿
来自神的身旁，
它们引示我翘望着
迷濛的故乡。

——自冯至的《昨日之歌》中

去年因为“时局”的关系——举凡中国国土在地图上变了颜色，或全世界的国旗完全改样，在我都通谓之“时局”——我曾经在友人H君的家里寄居过半年，固然，历年来所日夜渴望着的消闲生活总算是得到了，然而因为“心的藩篱”尚依然未能如愿地跨越过来的缘故，因而在自己内心所有着的，却还是乐少苦多。不过以之比于早出晚归，日夜为俗务劳力劳心，就是礼拜日也很难以得到闲暇时间的友人H君，自己总不能不说是较胜一筹了。所以每当他黄昏时弄得满身“尘劳”地从外面跑了回来，而自己差不多常是不胜怜爱之感地，想要去问问他，“你现在要在什么时候才能有充分工夫，去望一望你平日所深自赞赏着的高高天空呢?”然而为着避免惹人愁思起见，像这样的问题，也常是溜到嘴边，终于不曾说了出来。不过所谓“生活的密钥”者，在每一个较有内心生活的人，大约总不免会人手一把的。譬如说，如像自己那样，无论在自己的心里是怎样地沉重而且忧伤，但若果于院子里，偶尔见得有两个小猫，在阳光中缩头伸足地厮打，或者凑巧地触目于居停主人的小孩的笑靥上，有两只小而晶圆的眼睛在那里眯动时，而从自己的心底里，所陡然掀起的一种难以自止的欢欣，恐怕是谁也难以想象的吧；因而 H 君之是否于秘密中，独自一人，能以比从前更深切地以从事于他平时不愿去逛公园，而只愿每日得有一小刻的时间向天空遥望，便算满足的主张，那更也是非外人所可测度的了。

说到此地，现在更有一种秘密是在自己心里蕴藏着的：这即是每当清晨起来，都自会有一大阵嘹亮的鸽子们的哨声，从 H 君院子里的天空中传了下来；而且为了这哨声，自己总不免要登时跑了出来，向着天空呆看，呆看，一直以到看不见它们的形影时，才肯罢休。是的，那一种由它们而引起的飘渺的纤细的哀愁的圈环，除去我自己一人而外，更还有谁能在此范内呢。看，起初是一只两只的，从隔壁屋上竖有标杆的人家飞起了，然后一小群，一大群的起来追随着。鸽儿们是在距屋脊不远的地方画着圆圈，羽翅扑扑地拍扇着，从腹部处看来，好像每个都是一律纯白色，只有一小点一小层的灰色或深灰色的形影，可以从它们头背间，隐隐地分辨得出。再就是从一个一个的圆圈，已逐渐上升，一直以至于秋空中，那清朗得渺无片云的秋空中为止；接着，哨声也就随之而愈加响亮了。

鸽儿们是这般地飞着，飞着，如游戏一般地自由自在地飞着，再经过一霎时的工夫之后，眼见得一小堆一小堆的密簇黑点，便渐渐地由清朗而变得渺小了起来。有时候它们更好像正向着日轮的光圈竞逐似的，甚而高升以到若有若无之间，令人望去不觉目为之眩，而所余得的便有一小阵一小阵隐约无常的哨声犹在人耳边响着罢了。是的,更有谁能以计算呢,它们的圆圈正是画在了时间的轮轴以外的,而我也就是这般地对着它们微笑着了。而且这微笑也正同于我正当童年期,每天早晨起来所瞧望着它们高飞时是一般无二的;是的,这真有多么幸福啊,欣喜、飘渺、高举、期待,以至于忘情。

计算起来,大约这已经是自从父亲的喧嚣的办公处的后屋,以搬移到我们新居来,一半年以后的事了。那时在我自己,自然一切全都照旧:父亲的峻急,课读的重压,无事时不许出大门一步的严规,与乎因缺乏伴侣,而至于厌厌无生气地,以感到并不希望再有明天的,那种的生活孤寂的痛苦;这一切全都照旧,只一让那种迷漫无际的,平静而更兼寒冷的令人可怕的灰颓的家庭空气,来将自己的弱小灵魂日渐浸溶下去。不过到现在亦稍有不同之点,这即是由小屋以换成大厦,而自己也更在一间很为宽阔的书房内占有一个位置罢了。

并且这房屋的所有者与设计者,又更是出于一位具有事业狂的野心家的手中——父亲的一位好友——所以那住宅,在本城内,当时是很以新奇怪诞著名。因为在里面,从书斋以通到上房的过道间,既有着一间如摄影室般,全用玻璃来盖成的小屋,而天井的面积又复特别宽大,除了能以容下一个长约八尺以上的纯用整块石头来造成的鱼缸,和十多个木花盆架以外,还能留有令人从容散步的余地。这些全都是当地所未曾前有,而且也是让人传为笑柄的主因。然而就一仅仅这点,在当时又是何等的使得自己欢跃啊。天地已经是比从前宽阔得多了,行动自然也比前容与一些。所以自己每到寂寞得难以忍受时,差不多总是这样的,从书斋跑到上房,或者从幽静得至于举动都毫无声息的母亲的身旁,跑到敞亮的堂屋里,或者一直跑到天井内的鱼缸侧近，在那里呆立着；至于一点或两点钟之久。因为在那水中央的一座布遍了绿苔的石山之上，是长着有一棵周年常青的小橘树！而且水又是那般的清澈啊，清澈得可以一直以望到底里去。又从缸的周围里，更满布着有一层蒙茸的绿苔，看起来令人觉得十分青翠可爱。而就在这碧绿的绿苔和纤细的苔藻中间，又常常有着一小串一小串的如珍珠般明亮的水珠，在那里停留着，并且那仅有的十来尾小鱼，也就将此地当作了它们的散步处所。它们有时是在那里鳃口一开一阖的极消闲地游泳着，有时又忽然彼此互相追逐了起来，一直沉没到底里。观察着这些是很可以将自己的寂寞时光消磨过去半天的，何况这寂寞又是属有加无减呢！所以正同于一般倦于人生的长途的旅客们所说过的一样，那所谓“俨然有江湖之思”“山林之感”者，在此时的自己，虽然尚在童年，但也可以说是味尝到一点了吧。

此外，在当时，聘请来专门督责自己和一个七岁小弟弟读书的塾师，王先生，却幸而倒是一位豁达有度的古君子，不然，若是那课读的重量，依然与父亲的一般无二，那生活的重压，恐怕就是再也难以容忍的了。他，塾师，除了照例的为我们圈圈字和讲讲书而外——那时为我所讲的，大约不外《古文观止》、《纲鉴易知录》一类的东西——对于其他的一切，差不多常是睁只眼闭只眼的，不大爱管闲事。而且每到晚间来，他的于微醉后所发出来的清朗的读诗声，又是何等的清人心脾啊。所以若是能以逃出父亲的严峻锐眼的话，就纵然显得寂寞一点，但这种生活，却倒是宁静而且平滑，容易过去的。不过父亲的“锐眼”，又怎能以逃脱过去呢？那就除非当晚已经听得他有泡细茾水喝和命令厨师明晨煮稀饭吃的良好消息的到来不可了。因为，由此便可以推测到，他是由于伤风，而明晨一定会起来很晚；而且起来后，也是不大爱去追问任何事情的。大约就在像这样的，深秋时的，预测到父亲定然晚起的某一早晨里，于是我就同我的那位厨师朋友，私自跑到了菜市，而且无意间，对于鸽儿们开始有着熟识的机会了。自然，这完全是用他的丰富常识之一，来作为指导的。他，这一个已经越过了中年，而微微带点狡猾性的，由于各种生活的经验，以至懂得许多许多稀奇种类玩意的厨师，在他幼小时，或许亦曾做过一些时鸽的醉迷者，亦说不一定的吧？不然，他也就对于它们，不会如此熟习的了。我只记得，在当时，自己是这般迷迷糊糊地，带了两只灰色的鸽儿回到家里来。

从此以后，在屋檐下和南墙根的底下，用木煤油桶来做成的鸽笼，不觉已一层一层地逐渐增高，而鸽的只数，一天一天地繁殖起来了。“养鸽来到闲暇时玩玩是可以的，不过不要因此便耽误了正业才好！”猛记得父亲每当看见自己在经理着鸽的事务时，总不免要用着带有教训式的口吻，像这样的说。其实在我看来，他老人家自己之喜爱鸽儿的程度，恐怕也不在于我自己之下呢。因为当他每次站立在鸽笼的面前时，在他面上，总免不掉是要带着一种欣赏的微笑的，而且“谷谷——谷谷——”的唤鸽声，也时常忘形似的，从他口中呼叫了出来。

如像这样“通了天”的事情，还有什么可说呢；用“寂寞”和“娱情”来作为比例，两两相需，我自己的情感，除了一天一天地对于鸽儿们愈加挚爱，愈加亲近，愈加专注而外，还有什么可说呢。因此每三六九日的，在鸽的市集上，也有了自己的踪迹了，而对于鸽的品格上和特点上的认识，从此日渐的也有了充分的明了了。什么凤头毛脚，铁嘴白砂，以及毛色有银灰瓦灰之分，眼睛有白砂，大红砂，水红砂之别；若是既为瓦灰铁嘴，又于白砂之兼有“走砂”者，那更是于上品中而又属上品的了。再其次，则尚有被人称为“剿鸽”（剿读如绞）的一种；自然，若果不是出你自己亲眼得见时，又有谁肯轻于相信呢。不过即如上述的那种类似神奇的小小生物，在自己的经验中，也确实是曾亲手经历过一两次的。而且这两次，又都是同属一物。时间，第一次为两月，第二次为半年。若是依照着寻常鸽类的习性，在经过如此长久的——而尤其是末尾的一次——剪去了羽翼的豢养和训练，无论如何，总该因习新忘旧而驯善了吧，然而不，这一个老是孤独着，虽然用尽了方法，亦不肯去同异性接触的小动物（素常，若果买来的新鸽为单只时，只消一给它配上，再经过一两个月的时间，则大约是不会再成问题的了），设若一得有自由的机会时，它仍旧是要立即飞走的；而且每次飞走时，又都不免要带两三只同伴一同逃走。自从它第二次飞走以后，大约还未经过有一月之久吧，而说也奇怪，它是又被装入它旧主人的笼子里，而在鸽的市集中出现了。当我很惊诧而且气愤地走了过去，申明着说我再需要将它买回去时，于是它的主人，那一个靠近郊居住，专倚卖鸽为生的老头，便哀恳似的，向着自己这样的告饶了：“少爷，请你做点好事吧，不要因为一时气愤，便起下不良之心。我知道你很生气想要买过去杀掉它。不过这有什么法子可想呢，它生来就是这样，孤单的一个，自从它原对死掉后就一直不肯再配。而且除掉它落草的地方而外，恐怕无论谁都是不曾再将它养驯的。不用说一年半载，就三年五年，其结果恐怕也是一样。而且这又怎能怪我呢，它只认得它生长的地方，而不认得谁是它良好的主人，我是只能卖给你它的身，而不能卖给你它的心的。譬如说，若是我一搬家走时，你以为它会同我一同跟去的吗，不，决不，这是决不可能的，其原因，它是认不得谁是它的主人的。少爷，这话你懂了吧，请你做做好事吧。若是你需要别的对子的话，无论多少，我都可以给你，不过这只却不，决不！好吧，现在就在这笼子里，任凭你挑选吧，要哪对给哪对，不取分文。”

这以上便算是那一只被人很神秘地称为“劓鸽”的结局。而且在这里，更足以使我们引为惊异的，即是若以外表而论，它实在是只极平常极平常，丑陋得几乎不能合格的小东西。固然，就像它那样颜色既非灰非黑，而眼内的淡红色砂粒，又复不匀不均的奇特状貌，在一个内行者，除了凑巧的随便将它买了回去，更还有什么地方可以值得人去加以注意呢。若是非说出它的特征来不可，那就除去了它那种昂着头，时时作出傲岸和深思的姿势而外，便没有别的可以让人惊奇的地方了。

而且依照着惯例来说，鸽的生殖力，大约系每半月一下卵，再半月一出雏——自然愈有品格的鸽，也愈例外，甚至一年半载亦不下卵一次，也是常有的——就像这样生生不息，循环不已的过了下去，日久之后，粮食也就不能不成为一个问题了。犹记得起初每日只需杂粮一“合”(约一升四分之一)即行，后来半升，更往后每次就非有一整升之量不可了。而且这些恋家最甚的小动物，即使饥饿一点，也依旧是盈檐满梁，不肯遽尔飞去的。因此而遭母亲的反对，和用人们的嫌厌(为的是它们时常粪污了正洗晒着的衣裳)，也曾有过，或者被邻居们的诱擒或杀食，亦不在少数。不过无论如何，每当清早起来，于喂食之后，只消从花盆里拾起一小块泥团来，向房上一投去，那种一大群密簇的生物，便一齐的向天空中盘旋着飞去的壮观，总不能不说是令人神往啊！而且那飞得最快最高的，又正是自己平时所最喜爱和认为最特出的几只。到飞得愈高的时候，而哨筒声也愈加嘹亮地震响了起来，“嗡嗡”，“喈喈”，或“瓮瓮”，从这种种不同的音调中，已可以将何者为长方形的，何者为椭圆形的哨筒声音，完全分辨得出；因而，长方形的带有者为铁嘴白砂的某对，椭圆形带有者为凤头鹰嘴的某对，即使不用睁开眼睛向天上望去，也是可以从悬想中想象得之的。

“嗡嗡”，“嗡嗡——”，鸽儿是从天空中慢慢下旋，更斜斜地向天东边沉没下去，以至沉没得渺无踪影了。这即表明着，它们必定是正向着城外的真武山的山腰往下住落。若是再往西南角一拐呢，那便是曾经以香火著名的龙岩寺的山顶了。于是，那正在守望着它们的主人的心，不禁也随着它们，忽东忽西，忽远忽近的，向着那藏密的山林，和萧旷的田野间飞驰去了。鸽为什么能有这样的自由？人为什么就不能有翅子，像它们那样的自由飞去呢？是的，这有多么可悲啊，为着那些在自己想望之中的，高旷的天空，碧绿的田野，和与此正恰恰相反的，在书案上所堆积着的，比自己的头顶还要高出一格以去的，每天皆必须被背诵，被考问过一遍的重压的书籍以及父亲的严厉得赛过冰霜的眼光；鸽呢，是这般自由，而自己呢，岁月却又那般的阴暗而且悠长，用此两两相比，人果不如物吗？这在自己，真不知是要如何才能述说出自己的悲哀来了。

“若果能飞，那岂不一切都可从此解决了吗？——而自己又正是那般的需要飞去的：从这狭的笼中，飞到天空，飞到碧的水边，绿的田野之下，纵使冻馁而死，也是甘心的。不回呀，永不回来，纵至死也永不回来！”实在的，就像这样的自己于悲苦寂寞得无可自解时,便如此幻想着和渴求着,真也不知有过几多次了。

是的,可怜那些从小便做着城市奴隶,而永远是那样的渴想着那土的和草的香,以及旷野间自由的风与自由的雨的人们!

不过一说到厄运,鸽也有它自己的不可避免的一种的。只消一看见它们从屋脊上,如狂风扫荡落叶般的扑乱惊起,以至于零落得不能成对时,那便可以料想到,必定是有一只或两只鹰鹞之类在向它们加以袭击了。然而它们的真正劲敌,并不是鹰,而是属于鹞这一种:因为鹰的袭击,只不过蓦然一试罢了,是很少能以成功的,至于鹞类,可就完全异样了,由于它们的矫健和对于捕获物追逐时的久久不舍,所以自经它们一击之后,必定有一两只可怜者,是常常会作为它们的牺牲品的。而且无疑,这又必定是属于平时被视为过于平庸而飞腾得较慢的一种了。不过正当着它们彼此间互相搏击逃亡之顷,那种情境,看起来,又是多么的足以使人觉得惊心动魄呢。鸽儿们,有的往上飞,有的往下沉,而鹞子,则在它们群簇中,时高时低的东西南北的胡乱追逐着。但那往上飞腾得最快的,多数为举动较为敏捷,而且平时被人视为杰出某几只。它们,也正同于一般健壮的斗士们一样,是专喜爱去同敌人们挑战或逗引的,所以它们常是不断地在它们敌人的面前飞翔着。但又有时高,有时低,忽前忽后,忽左忽右的变化不测,而且更来去自如,以至于使得对方不觉目为之眩,翅为之软;有时甚或使它们完全失去袭击目标,追这只也不是,追那只也不是,而结果竟至毫无所得地颓然退去。

既到事变一经过去之后,依照习惯,鸽儿们是必定会慢慢地从房上降落到它们鸽笼上面的。自然有的依旧是喘息不已，惊魂未定的，四面八方的张皇着和战栗着，而有的则已经“谷谷——谷谷——”不已的，独自自鸣得意着，在那里转圈似的，对它异性的同伴们鸣吼着了。固然，所谓“强健”、“胜利”、“骄傲”和“可爱”，这四者，上帝自会将它们连合在一起的。

此外，尚有可以测度鸽的品格的高下者，这即是于“放久”之外，更有“放远”的一种了。通常，凡飞翔不出十里者，名为“菜鸽”，四十里以上者列中等，从六十以至八十，九十，一百者，列上等，过百五十里以外者，入上上等。犹记得，在自己当时所有的鸽群内，差可列入上等的，大约尚不下八九只之多，至所谓上上等者，则于许久许久经历之后，仍不过属于一种幻想罢了。

“呀，鸽回来了，看看它们的脚上有布条没有?”这是母亲于曾经听见有托人放鸽的消息之后，而看见从天空中高高的有鸽儿从上下降时，常常对用人们所说的话。自然，由于经过这一大段长久时间的熏陶，她们对于鸽儿们，差不多都已具有一种专门家的知识，这是毫无疑义的了；而何况我之所谓上品者，在她们大约都早已认得熟识了呢。“你看，这有多快呀，在这布条上写着的，八十多里的路程，至多也不过飞半天的工夫!”这是自己常常因此引为自满，而且也常常引来向旁人夸耀的地方。

而且正如上面所述说过的一样，鸽的繁殖，是有如此迅速的令人吃惊的能力的，因而到末后来，鸽儿之多，除去了那从十对以到三十对之间的中上品以上的，为自己平常所留意者而外，其他的一些，差不多可以说是于已无关紧要，而且也不复能以熟认的了。所以有时忽而在鸽群中失去了几只时也有，或者忽而又增添了几只时也有；但总而言之，屋梁、横檐和堂屋内匾额之上，以及房屋的上半部，凡可停脚处，几乎都成为了它们无定的栖息之所了。而且每次整升以上的粮食，到末后来，只能成为聊供点缀点缀而已，所以每当喂食时，几乎无一次不是如春蚕食叶般，瞬息即尽的。大约从此以后，鸽儿们就不能不被迫到野外去，作寻食之举，也是说不一定的吧？

就像这样的，又继续到一年之久，直算至本房东的家眷已经从外乡回来，而需要索回房屋去自住之月为止，我同鸽儿的关系，大约至少也应该有三年以上的历史了。这其间，我之对于它们，无论如何都总可以说是问心无愧的。譬如说，如像别人那样，将它们转卖给外人，作菜食之用，或者自己随便地杀几只来玩玩（据说，杀鸽的方法无须动刀，只消将它的头部完全浸淹在水内，经过片刻后即行。而且水也更不用多，只消一茶杯或半茶杯便可毕事），像这样的事，不仅自己不曾有过一次，就偶尔的闻听得有这样的故事，自己也是会引为深恶而痛绝之的。

不过罪孽之兴，事亦常有出人意料之外者，这只消从我那次因催促孵卵，至将一只母鸽误杀的蠢举，便可知道了。当时因为有一对可以称为属于上品一类的凤头毛足，银翅红砂（而且更是大红砂）的小白鸽，这对东西，必须要经过一年之久才能下卵一次，而不幸的是它每次下卵皆不肯去加以孵抱。“这一对无论外形内形都很完备的小东西，像这样下去，将来它们岂不日趋于断种的一条路了吗？”像这样的感觉，因而不免时常的时常的要在自己的心里浮动着。由于当时的一种急切而且幼稚的幻想，于是到了当天晚上，即便将它的两足用细绳来捆束着，并且又将它的翅子全行剪去，然后再用一大块的砖头来，将它同它刚下的鸽卵一同压放在了一起。在自己，以为这种“强抱法”，在将来一定是会能以成功的。不过，到了次晨来一看怎样呢，那可果真成功了，鸽是变化了，变化成一个僵硬的尸体！只剩得那只雄鸽，在它尸体旁边，莫名其妙地谷谷地哀鸣着。而且看哪，那从它嘴角间所流下来的，一滴滴的殷红的鲜血，以及那对似闭非闭的，已经变得成为深灰色了的眼珠，看起来，又是何等的凄惨，而且令人见了起着一种寒战的感觉呢。而何况这种残杀的血污，又是从它平日以爱它自命者的手中，榨压而出呢。是的，从挚爱者的手中，流出被爱者的鲜血来，那种滋味，那种悔恨交集的滋味，我想我当时确实是深深地味尝到了。而且就到了此时回忆起来，我想我自己也是绝对不能以泰然的态度处之的啊。随后就连那只孤单着的雄鸽，也不知于何时竟莫名其妙地失去踪影了；不过如像这样也好，因为借此反倒可以减轻不少我自己良心上的负担和罪咎。并且，设若它果真在原处再行停留下去的话，我想，它除去了像它别的有品格的同伴们一样，于丧偶之后，即厌厌自毙的道路而外，是别无他法可想了的。

自然，或者也可以勉强说，这是属于鸽的悲剧结局的一种吧？不过不，那种更为悲剧的现象，恐怕还在以后才能发现呢。自从我一搬家之后，房主人即迁移了进去。据说，父亲为要酬答他朋友四年以来不肯收纳房租的友谊起见，所以除去了他自己卧室内的箱笼而外，其他的一切堂屋书房厨房里的家用器具，全都命令留下，不准再行移动。自然，那在他当时的眼中，这所谓“区区者”的鸽群，又哪里会值得他去加以注意呢。不过后来，恶劣的消息，便渐渐地从用人们的口中传达过来了。因为那位所谓房东太太者的习性，正恰恰与她丈夫成为反比例:既悭吝而又尖酸刻薄,甚至于悭吝得一毛不拔;所以当她一跨进门去,见着了鸽群时便说,"这可好了,两鸽一鸡,我们在这一两个月内,大可以不必再用钱去购买荤菜了!"而接着言行相符的,便是不管珠玑瓦砾的一律残杀……

因此,犹记得自己是几番几次地去向母亲哭嚷着,想要将鸽群迁移了过来,不过在未得父亲许可之前,有谁敢去轻轻地触动一下呢。随着有一次,自己也曾经鼓着勇气,向着父亲这样的——因为在当时自己的心里,是那般的固执着,以为非达到目的不止——请求过了;而出乎意料的,是他竟用着平日所极难遇见的温和的口吻(真像一个父亲一样)来对自己这样的分解说:"和儿,不要这样,要大方些。你也不小了,不要因为一点小事,便让我去同朋友的家庭失和。若是需要的话,你就可以在这新房子内重新喂了起来。一切费用,我都可以给你,要多少都行。不过旧鸽却不好意思再去要回来了。而且就纵然要回来了,你又有什么法子可以将它们喂得家呢?世无不散的筵席,人犹如此,何况于物?所以君子寓意于物,而不留意于物。你懂得吗,人在社会上非朋友不能生活;你也不小了,应该大方一点才好啊!"

随着他又补足着说:"而且我们又是到处流寓的人,更不比是在自己的家乡里,可以长久地待了下去。我们要那些身外物来做什么呢?你看,说不定我们不久就要起身到省城里去居住了,到了那时,一切家具全都得扔掉……"他说完这话之后,我从他的眼中,已经看出了有一些忧伤,而同时,他的已起有皱纹的苦涩的脸上,也似乎愈加深邃的,更形皱褶了起来。

是的,父亲所说的话,确实一丝不错,随后不久,果然证明了,我们是因他事务的变更,而必须随从他一同向省城出发的。并且到了那里,因为自己已插班入了中学,和儿童期已经过去,以及趣味更向他方面发展的原故,因而鸽儿们之与自己的关系,也就从此算是告了一个段落了。

不过,到了现在,无论生活之于自己是怎样地辛苦,重压而且奔忙,但每逢春秋佳日——不,无论何时——若果于无意中,就有时坐在洋车上也同是一样,偶尔地发现了有一大群的鸽儿在天空中飞翔着时,从它那种翩翩上下,温柔驯良的自由风姿,却依然是可以立地将自己引回到那旧日的,那种静寂而更兼孤独得令人寒颤的童年世界内以去的。

——是的,驯美的鸽群,淡淡的青空,以及那已逝去了的,自己的并不很快乐的青春;而且这些又是并不能以跳出这可笑的时间圈子以外去。我为什么要去记忆起它来呢,这一切之于我,又是那样的不很快活的。

一九三二年十月二十日上午脱稿

小动物们

◎老舍

鸟兽们自由的生活着，未必比被人豢养着更快乐。据调查鸟类生活的专家说，鸟啼绝不是为使人爱听，更不是以歌唱自娱，而是占据猎取食物的地盘的示威；鸟类的生活是非常的艰苦。兽类的互相残食是更显然的。这样，看见笼中的鸟，或柙中的虎，而替它们伤心，实在可以不必。可是，也似乎不必替它们高兴；被人养着，也未尽舒服。生命仿佛是老在魔鬼与荒海的夹间儿，怎样也不好。

我很爱小动物们。我的“爱”只是我自己觉得如此；到底对被爱的有什么好处，不敢说。它们是这样受我的恩养好呢，还是自由的活着好呢？也不敢说。把养小动物们看成一种事实，我才敢说些关于它们的话。下面的述说，那么，只是为述说而述说。

先说鸽子。我的幼时，家中很贫。说出“贫”来，为是声明我并养不起鸽子；鸽子是种费钱的活玩艺儿。可是，我的两位姐丈都喜欢玩鸽子，所以我知道其中的一点儿故典。我没事儿就到两家去看鸽，也不短随着姐丈们到鸽市去玩；他们都比我大着廿多岁。我的经验既是这样来的，而且是幼时的事，恐怕说得不能很完到了；有好多鸽子名已想不起来了。

鸽的名样很多。以颜色说，大概应以灰、白、黑、紫为基本色儿。可是全灰全白全黑全紫的并不值钱。全灰的是楼鸽，院中撒些米就会来一群；物是以缺者为贵，楼鸽太普罗。有一种比楼鸽小，灰色也浅一些的，才是真正的“灰”；但也并不很贵重。全白的，大概就叫“白”吧，我记不清了。全黑的叫黑儿，全紫的叫紫箭，也叫猪血。

猪血们因为羽色单调，所以不值钱，这就容易想到值钱的必是杂色的。杂色的种类多极了，就我所知道的——并且为清楚起见——可以分作下列的四大类：点子、乌、环、玉翅。点子是白身腔，只在头上有手指肚大的一块黑，或紫；尾是随着头上那个点儿，黑或紫。这叫作黑点子和紫点子。乌与点子相近，不过是头上的黑或紫延长到肩与胸部。这叫黑乌或紫乌。这种又有黑翅的或紫翅的，名铁翅乌或铜翅乌——这比单是乌又贵重一些。还有一种，只有黑头或紫头，而尾是白的，叫作黑乌头或紫乌头；比乌的价钱要贱一些。刚才说过了，乌的头部的黑或紫毛是后齐肩，前及胸的。假若黑或紫毛只是由头顶到肩部，而前面仍是白的，这便叫作老虎帽，因为很像廿年前通行的风帽；这种确是非常的好看，因而价值也就很高。在民国初年，兴了一阵子蓝乌和蓝乌头，头尾如乌，而是灰蓝色儿的。这种并不好看，出了一阵子锋头也就拉倒了。

环，简单的很：全白而项上有一黑圈者叫墨环；反之，全黑而项上有白圈者是玉环。此外有紫环，全白而项上有一紫环。“环”这种鸽似乎永远不大高贵。大概可以这么说，白尾的鸽是不易与黑尾或紫尾的相抗，因为白尾的飞起来不大美。

玉翅是白翅边的。全灰而有两白翅是灰玉翅，还有黑玉翅、紫玉翅。所谓白翅，有个讲究：翅上的白翎是左七右八。能够这样，飞起来才正好，白边儿不过宽，也不过窄。能生成就这样的，自然很少，所以鸽贩常常作假，硬插上一两根，或拔去些，是常有的事。这类中又有变种：玉翅而有白尾的，比如一只黑鸽而有左七右八的白翅翎，同时又是白尾，便叫作三块玉。灰的、紫的也能这样。要是连头也是白的呢便叫作四块玉了。四块玉是较比有些价值的。

在这四大类之外，还有许多杂色的鸽，如鹤袖，如麻背，都有些价值，可不怎么十分名贵。在北平，差不多是以上述的四大类为主。新种随时有，也能时兴一阵，可都不如这四类重要与长远。

就这四大类说，紫的老比别的颜色高贵。紫色儿不容易长到好处，太深了就遭猪血之诮，太浅了又黄不唧的寒酸。况且还容易长"花了"呢，特别是在尾巴上，翎的末端往往露出白来，像一块癣似的，把个尾巴就毁了。

紫以下便是黑，其次为灰。可是灰色如只是一点，如灰头、灰环，便又可贵了。

这些鸽中，以点子和乌为"古典的"。它们的价值似乎永远不变，虽然普通，可是老是鸽群之主。这么说吧，飞起四十只鸽，其中有过半的点子和乌，而杂以别种，便好看。反之，则不好看。要是这四十只都是点子，或都是乌，或点子与乌，便能有顶好的阵容。你几乎不能飞四十只环或玉翅。想想看吧：点子是全身雪白，而有个黑或紫的尾，飞起来像一群玲珑的白鸥；及至一翻身呢，那黑或紫的尾给这轻洁的白衣一个色彩深厚的裙儿，既轻妙而又厚重。假若是太阳在西边，而东方有些黑云，那就太美了：白翅在黑云下自然分外的白了；一斜身儿呢，黑尾或紫尾——最好是紫尾——迎着阳光闪起一些金光来！点子如是，乌也如是。白尾巴的，无论长得多么体面，飞起来没这种美妙，要不怎么不大值钱呢。铁翅乌或铜翅乌飞起来特别的好看，像一朵花，当中一块白，前后左右都镶着黑或紫，他使人觉得安闲舒适。可是铜翅乌几乎永远不飞，飞不起，贱的也得几十块钱一对儿吧。玩鸽子是满天飞洋钱的事儿，洋钱飞起去是不如在手里牢靠的。

可是，鸽子的讲究儿不专在飞，正如女子出头露脸不专仗着能跑五十米。它得长得俊。先说头吧，平头或峰头(峰读如凤；也许就是凤，而不是峰)，便决定了身价的高低。所谓峰头或凤头的，是在头上有一撮立着的毛；平头是光葫芦。自然凤头的是更美，也更贵。峰——或凤——不许有杂毛，黑便全黑，紫便全紫，搀着白的便不够派儿。它得大，而且要像个荷包似的向里包包着。鸽贩常把峰的杂毛剔去，而且把不像荷包的收拾得像荷包。这样收拾好的峰，就怕鸽子洗澡，因为那好看的头饰是用胶粘的。

头最怕鸡头，没有脑杓儿，楞头磕脑的不好看。头须像算盘子儿，圆忽忽的，丰满。这样的头，再加上个好峰，便是标准美了。

眼，得先说眼皮。红眼皮的如害着眼病，当然不美。所以要强的鸽子得长白眼皮。宽宽的白眼皮，使眼睛显着大而有神。眼珠也有讲究，豆眼、隔棱眼，都是要不得的。可惜我离开鸽子们已念多年，形容不上来豆眼等是什么样子了；有机会到北平去住几天，我还能把它们想起来，到鸽市去两趟就行了。

嘴也很要紧。无论长得多么体面的鸽，来个长嘴，就算完了事。要不怎么，有的鸽虽然很缺少，而总不能名贵呢；因为这种根本没有短嘴的。鸽得有短嘴！厚厚实实的，小墩子嘴，才好看。

头部以外，就得论羽毛如何了。羽毛的深浅，色的支配，都有一定的。老虎帽的帽长到何处，虎头的黑或紫毛应到胸部的何处，都不能随便。出一个好鸽与出一个美人都是历史的光荣。

身的大小，随鸽而异。羽色单调一些的，像紫箭等，自然是越大越蠢，所以以短小玲珑为贵。像点子与乌什么的，个子大一点也不碍事。不过，嘴儿短，长得娇秀，自然不会发展得很粗大了，所以美丽的鸽往往是小个儿。

大个子的，长嘴儿的，可也有用处。大个子的身强力壮翅子硬，能飞，能尾上戴鸽铃，所以它们是空中的主力军。别的鸽子好看，可供地上玩赏；这些老粗儿们是飞起来才见本事，故尔也还被人爱。长翅儿也有用，孵小鸽子是它们的事：它们的嘴长，“喷”得好——小鸽不会自己吃东西，得由老鸽嘴对嘴的“喷”。再说呢，喷的时候，老的胸部羽毛便糙了；谁也不肯这么牺牲好鸽。好鸽下的蛋，总被人拿来交与丑鸽去孵，丑鸽本来不值钱，身上糙旧一点也没关系。要作鸽就得美呀，不然便很苦了。

有的丑鸽，仿佛知道自己的相貌不扬，便长点特别的本事以与美鸽竞争。有力气戴大鸽铃便是一例。可是有力气还不怎样新奇，所以有的能在空中翻跟头。会翻跟头的鸽在与朋友们一块飞起的时候，能飞着飞着便离群而翻几个跟头，然后再飞上去加入鸽群，然后又独自翻下来。这很好看，假若他是白色的，就好像由蓝空中落下一团雪来似的。这种鸽的身体很小，面貌可不见得美。他有个标帜，即在项上有一小撮毛儿，倒长着。这一撮倒毛儿好像老在那儿说：“你瞧，我会翻跟头！”这种鸽还有个特点，脚上有毛儿，像诸葛亮的羽扇似的。一走，便扑喳扑喳的，很有神气。不会翻跟头的可也有时候长着毛脚。这类鸽多半是全灰全白或全黑的。羽毛不佳，可是有本事呢。

为养毛脚鸽，须盖灰顶的房，不要瓦。因为瓦的棱儿往往伤了毛脚而流出血来。

哎呀！我说“先说鸽子”，已经三千多字了，还没说完！好吧，下回接着说鸽子吧，假若有人爱听。我的题目《小动物们》，似乎也有加上个“鸽”的必要了。

（1935年3月）

鸽子的爱

◎谢冰莹

我们的白雪公主，自从丧失了它的第三位驸马以后，更显得郁郁寡欢了。它每天在笼子里跳来跳去，有时把铁丝网弄得咚咚作响；有时展开双翅拍拍地打着木笼；有时从铁丝网的小洞里伸出头来，好像一下就要冲出来的样子。我看着它这样暴躁、着急，心里也有点难过。我不忍整天关着它，于是开了门，让它飞到屋顶上去呼吸新鲜空气，接受温暖的阳光；可是，奇怪得很，门打开了，它并不像往日一般，拍那一声霎时飞上天去；它站在门口，左顾右盼地用视线扫射了一遍，仿佛在寻找它的爱人，然后再低下头来看看自己的一双红脚趾，再用嘴啄一啄羽毛，用翅膀扇了两下，才拍的一声飞上屋顶，这时那只老奸巨猾的黑鸽子，早已和它的爱人在情话喁喁了。它看见白雪公主飞来，立刻走过去向它打招呼，咕噜咕咕咕噜咕咕地叫个不住，耸动它那又光又滑的黑毛，老是围着白雪公主打圆圈；然而白雪公主只管孤芳自赏，不但对黑鸽子没有好感，反而觉得讨厌，它一点也不理睬地走开了；黑鸽子好像受到了莫大的侮辱似的，它老羞成怒，一嘴啄去，咬下了白雪公主脖子上几根嫩毛，白雪公主也并不示弱，它也耸起翅膀，啄下了黑鸽子一根长羽毛，黑鸽子打了败仗，又咕噜咕咕地走近花鸽子的身旁去诉苦去了。

白鸽子的祖籍是美洲，前年春天，由师院吴锦裳君从台南带来送我的。它的个性很强，有点骄傲，平时不大理睬它的伙伴，遇到黑鸽子调戏它时，它就毫不客气地奋力抵抗，它的身体很结实，一身纯白的羽毛，没有一根杂色。一双脚趾像映山红一般美，两只眼睛外面一圈黄的，中间一圈红的，一圈白的，最里层是一颗亮晶晶的黑珠子。走起路来，步履轻盈，雍容大方，颇有大家闺秀的风度；翱翔的时候，它的姿态更美了！活泼的翅膀，拍那一声，翩翩地飞入了云端，一眨眼，它的倩影便消失在白云深处。晚上，它常常天黑了还不回来，起初我们着急得了不得，以为它一定迷了路，或者跑到别人家里去了，等到八点钟以后，我们再检查鸽笼，仍是空空如也，忽然抬头一看，原来它早已栖息在屋檐下那根短梁上打盹了。

“白鸽子最爱自由，我们不要关它吧。”湘儿有次这样向我求情，我不同意，原因是它从梁上大便下来，把走廊弄得肮脏不堪，实在太不像样了。

“它一定为了太伤心，一个人太寂寞，所以不肯回到它的窝里去，妈，你就让它在梁上睡觉吧，我求求你。”

听到孩子最后的请求，我只好允许我们的公主绝对自由了。

说起白雪公主的恋爱史来是非常悲惨的！它的第一个异性朋友，不知是被顽皮的孩子用弹弓打伤了，还是被猫咬伤的，至今不明白；只知道它受伤以后，被一位同院的太太拾起来丢进我们的后园，它自己慢慢地爬到公主的身边，公主用嘴吸干它羽毛上的鲜血，热烈地吻它，嘴里还唱着声调凄惨的歌曲。我用红药水擦在它受伤的颈上，脸上，腿上，幸亏眼睛没有瞎，它还能吃米，我以为不久就会好的，谁知一星期以后，它终于因伤势过重，无法医治而与世长辞了，这时不但我们一家人难过，所有小朋友只要看见过它的英姿的，谁也替它叹息；至于公主的伤心，自然更不待言了。

过了大约四个多月，我们的花鸽子和邻家的黑鸽子结婚了，剩下公主孤单单地真有说不出来的凄凉，于是又买了一只花的来；初招驸马的时候，它们打得很厉害，一连打了三天，每次都是驸马得胜，公主终于投降了。

这是多么可喜的消息呵，继花鸽子孵蛋之后，我们的白雪公主也在坐月子了，我们想一次得着四只小鸽，真是从来未有的快乐。公主的脾气还是那么暴躁，它老是喜欢在天上玩，不喜欢孵蛋；驸马比黑鸽子更负责，有时日夜地孵蛋，我担心它太辛苦；可是又没有方法告诉公主，因为它们不懂我的语言，又无法教它识字。

是我和湘儿同时患急性肠炎的第六天，忽然听到鸽子急促地拍着翅膀的声音，我担心野猫来吃它；这时我的病很重，又不能起床，只能空着急。我叫达明赶快去看，不久，他握着一支满身是血的鸽子回来，想必是正在驸马孵蛋的时候，一只野猫窜进去，咬破了它的脖子。

“唉！眼睛都瞎了！”

平时不大喜欢动物的他，这时居然也叹息起来。我的泪珠，立刻滚滚而下。我不忍看它这副可怜的样子；而视线又不能从鸽子的身上收回，我望着它全身发抖，两条腿仍然挺立着，我真恨不得把它送进医院去治疗，一想到它是为了繁殖种族而牺牲的，我心里更加难过，也更钦佩它为爱牺牲的精神。

就在当天晚上，我们的第二位驸马，又做了壮烈的牺牲。只差两三天就可以孵出小鸽子来的蛋，如今只好任它牺牲了！

公主孵了一夜,到第二天上午十一点,应该是驸马接班的时候,一直到黄昏还不见来,于是它知道一定发生了什么意外,再也不敢继续孵下去了,白白地牺牲了这两条小生命,我一直到今天还在难受。

“妈妈！公主太可怜,再给它招一个驸马吧!”

又是湘儿在为白雪公主求情了。这孩子生来就爱小动物,为了满足他的欲望,为了安慰公主,我只好再买了一只来,还不到一个月,又被野猫衔走了,连一根羽毛也没有留下,从此我们的公主又是形单影只,再度睡在横梁上,不肯进自己的窝了。

为了想要打死那只咬死鸽子的猫,我下课回来便在后面走廊上等着,一天两天过去了,还是不见野猫的影子;眼看着公主不吃也不喝,整天独自一个在屋顶上徘徊有时像在仰天长叹,有时像在低声哀鸣,它的身子越来越瘦,我真替它的健康担心。在它房子的下面,黑鸽子和花鸽子却一天到晚忙着喂它们的儿女,我第一次看见两张小嘴插进公鸽或母鸽的嘴里去吸乳,一面吃,一面摆动着它们的小翅膀,十分有趣。翅膀上面初生的嫩毛,像蚕丝那么细,颜色有金黄的,也有浅黄的,美丽极了！雌鸽长得比任何动物都快,一个月之后,完全和它们的母亲一般漂亮;只是有一件事,真是岂有此理,父母茹苦含辛地把它们抚养大了,它不但不反哺报恩,反而拼命欺负它们的父母,不许它们进窝,害得湘儿气得发抖,对着它们大骂。

每次当他对鸽子讲话的时候,我就站在一边哈哈大笑,孩子究竟是孩子,鸽子哪里会懂得语言呢?

是前天晚上,我又为白雪公主找到了一位完全和它一模一样的纯白骈马了,它们俩儿,一见倾心,丝毫也不打架,彼此点头招呼,同时耸起羽毛,竖起尾巴,咕噜咕咕地说着情话,我们也都欢喜若狂,希望它们伉俪情深,永不分离,也许一个月以后,就可看见它们的爱之结晶了,谨以此文为它们祝贺。

白鸽

◎刘白羽

我每天早晨五点半起床，到楼顶平台上散步。

对于一个人一生的历程来讲，如果说每个一天都是一个新世界，那么，每天早晨五点半，就是我的新世界的开端，也是我的新世界最美好的时光。

夏天，曙光红透东方，天空那样庄严肃穆一缕缕金光愈来愈明亮，清风习习，清气微微，而后，一轮红日尚未露出，但它的光明已经把城市海洋西方的一些高楼的玻璃照得熠熠闪光，像有无数把小火炬在跳荡。

冬天，这时刻却还是黑夜沉沉，万籁俱寂，满城灯火灿若银河，北风吹到脸上令人觉得既清冷又清醒，一颗颗星光像天使的微笑的眼睛，黑夜仿佛有一种魔力，使人与宇宙融合，油然而生一种孤独感，一种崇高感，待到街灯倏然一下熄灭，淡青的晨曦弥漫而来，是那样喜人。

因此，也许比起夏日的黎明，我更爱冬天的晨光。

不过，冬天也有不如人意之处，就是乌鸦成群。我的高楼旁有一片白杨树林，一入冬，树梢上就栖满乌鸦，尽管树林在凛冽的寒风中颤抖，乌鸦却睡得十分酣畅。而后，不知在时间和空间中有一种什么神秘的信号，乌鸦便咿呀——咿呀叫成一片，旋即从我头顶上空飞掠而过，乌鸦的聒噪倒不在于它打破黎明的岑寂，而在于它确实刺耳难听。乌鸦竟是那样多，一群群、一阵阵，就如同一团一团黑云，一下破坏了宇宙间的色调，而污染了晨曦。但它们却俨然以迎接黎明的使者自居。一边飞一边还排泄下一些秽物，在许多好看的屋顶廊垣上留上斑斑白迹，实在可恶。但是，有一个早晨，正当乌鸦群飞之时，我忽然发现，在我家楼顶平台的短墙上立着一只鸽子，它那洁白的羽毛，白得十分耀眼，我一看，心灵一动，放轻脚步。

白鸽啊，它是那样安详、幽静、自如。鲜红的短喙、金黄的眼圈，一身毛茸茸的羽毛，使得这只鸽子在头上飞旋的乌鸦衬映下，显得特别的美丽、异常的圣洁。

在它身上晨曦之光渐渐由青色变为淡红，白羽毛好像在发出一种柔和的光亮，说也奇怪，一刹那间，那些乌鸦的聒噪好像消失了，那些鬼怪的黑影也不见了，似乎是那些乌鸦在白鸽面前也自惭形秽，也从而销声匿迹了。

我的心境由喜悦变为尊敬，你想，就是这只白鸽，它振其健美之羽翼，其凭坚定之信念，认定一个明确的目标，不怕长途跋涉，向千里万里之外飞去，又从千里万里之外飞回，给人们带回珍贵的信息。可它从来不像乌鸦那样聒噪喧天，而只沉默不语，站在那里一动不动，偶尔侧转一下头，而后又凝然远视。

红色曙光上升，一片阳光照射而来。这时，白鸽飞起来了，像一小团白雪，像一小片白云，向那阳光灼亮的远方飞去，这时我的心好像也冉冉地随它飞去了。它向远方飞去，成为一个小白点，随即消失在洒遍人间的日晖之中了。由于观赏这只白鸽，我推迟了散步的时间，可是，我觉得这一个冬日的晴明，特别明亮。

伊犁闻鸠

◎汪曾祺

到伊犁,行装甫卸,正洗着脸,听见斑鸠叫:

"鹁鸪鸪——咕,"

"鹁鸪鸪——咕……"

这引动了我的一点乡情。

我有很多年没有听见斑鸠叫了。

我的家乡是有很多斑鸠的。我家荒废的后园的一棵树上,住着一对斑鸠。"天将雨,鸠唤归",到了浓阴将雨的天气,就听见斑鸠叫,叫得很急切:

"鹁鸪鸪,鹁鸪鸪,鹁鸪鸪……"

斑鸠在叫他的媳妇哩。

到了积雨将晴,又听见斑鸠叫,叫得很懒散:

"鹁鸪鸪——咕!"

"鹁鸪鸪——咕!"

单声叫雨,双声叫晴。这是双声,是斑鸠的媳妇回来啦。"——咕",这是媳妇在应答。

是不是这样呢?我一直没有踏着挂着雨珠的青草去循声观察过。然而凭着鸠声的单双以占阴晴,似乎很灵验。我小时常常在将雨或将晴的天气里,谛听着鸣鸠,心里又快乐又忧愁,凄凄凉凉的,凄凉得那么甜美。

我的童年的鸠声啊。

昆明似乎应该有斑鸠，然而我没有听鸠的印象。

上海没有斑鸠。

我在北京住了多年，没有听过斑鸠叫。

张家口没有斑鸠。

我在伊犁，在祖国的西北边疆，听见斑鸠叫了。

“鹁鸪鸪——咕！”

“鹁鸪鸪——咕！”

伊犁的鸠声似乎比我的故乡的要低沉一些，苍老一些。

有鸠声处，必多雨，且多大树。鸣鸠多藏于深树间。伊犁多雨。伊犁在全新疆是少有的雨多的地方。伊犁的树很多。我所住的伊犁宾馆，原是苏联领事馆，大树很多，青皮杨多合抱者。

伊犁很美。

洪亮吉《伊犁记事诗》云：

> 鹁鸪啼处却春风，
> 宛与江南气候同。

注意到伊犁的鸠声的，不是我一个人。

家有斑鸠

◎陈忠实

住到乡下老屋的第一个早晨,醒来,刚睁开眼,便听到咕咕——咕咕——的鸟叫声。这是斑鸠。虽然久违这种鸟叫声,却不陌生。

悄声静气地靠近窗户,透过玻璃望出去,后屋的前檐上,果然有两只斑鸠。一只站在瓦楞上,另一只围着它转着;一边转着,一边点头,发出咕咕咕咕的叫声。显然是雄斑鸠在向雌斑鸠求爱。如果用当地农民的话说,公斑鸠给母斑鸠骚情哩!

雌斑鸠矜持地扬着小脑袋,似乎不为所动。被雄斑鸠骚扰得烦了,雌斑鸠便跳出两道瓦楞。雄斑鸠依旧紧跟不舍,雌的飞到房脊上,雄的追飞到房脊上。雌的逃落到东边的围墙又转到西边的围墙,雄的都紧随紧跟痴心不改。

这是我回到乡下老屋的第一个早晨看见的情景。一个始料不及的美妙的早晨。

六年前的大约这个时节,我和文学评论家王仲生教授在波士顿郊外他的胞弟家里。那是一排房子的后院连着后面一排小楼房的后院,中间有一排粗大高耸的树木分隔。树木的杈枝上,栖息着一群鸟儿。在人刚一开后门走到草坪边的时候,鸟便从树枝上飞下来,期待着人撒出面包屑或什么吃食。你撒了吃剩的面包屑或米粒儿,它们就在你面前的草地上争食，甚至大胆地跳到人的脚前来。偶尔，还会有一只两只松鼠不知从哪棵树上窜下来，和鸟儿在草地上抢夺食物。

我和王教授一边抽烟，一边看着鸟儿和松鼠在脚下活蹦乱跳，常常把在异国他乡看到的发达和豪华忘得一干二净。

我在那个人与鸟兽共处的草坪上，曾经想过在我家的小院里，如若也能有这样的情景就好了。我们的鸟儿和兽儿，对人的恐惧和绝对的不信任是一个基本的事实。我们把爱鸟爱兽作为一个普遍的社会意识来提倡，不过是十来年间的事。我们把鸟儿兽儿作为美食作为美裳作为玩物作为发财的对象而心狠手狠的年月，却无法算计。我能记得和看到的，一是一九五八年对麻雀发动的全民战争，麻雀虽未绝种，倒是把所有飞翔在天空的各色鸟儿吓得肝胆欲裂，它们肯定会把对人们恐惧和防范以生存戒律传递给子子孙孙。再是种种药剂和化肥，杀了害虫长了庄稼，却把许多食虫食草的鸟儿整得种族灭绝。更不要说那些丧尽良知的捕杀濒临灭绝的珍禽异兽者。

还是说我家的斑鸠。

我有记事能力的时候就认识并记住了斑鸠，斑鸠在我的滋水家乡的鸟类中，是最最不显眼近乎丑陋的一种鸟。灰褐色的羽毛，没有长喙和高足，没有动人的叫声。它的巢也是简单到了仅用可以数清的几十根柴枝，横竖搭置成一个浅浅的潦草的窝。小时候我站在树下，可以从窝的底部的缝隙透见窝里有几枚蛋。我曾经在六十年代的小学课本上看到过以斑鸠为题编写的课文，说斑鸠是最懒惰的鸟，懒得连窝也不认真搭建，冬天便冻死在这种既不遮风亦不挡雨的窝里。

我自然不会轻信这类童话。然而斑鸠却在不知不觉中从我家乡的天空消失了。整个八十年代到九十年代初，我没有看见过一只斑鸠。尽管我搞不清斑鸠消亡的原因,却肯定不会是如童话所阐述的陋窝所致,倒是倾向于某种农药或化肥的种类性绝杀。这种普通的毫不起眼的鸟儿的绝踪,没有引起任何村人的注意。我以为在家院的周围也看不到斑鸠了。

斑鸠却在我重返家乡的第一个清晨出现了,就在我的房檐上。

我便轻手开门,哗啦一声它们就从屋脊或围墙上起飞了,往高高的村树上去了。我往小院里撒抛米谷,一天又一天。直到某一日,我开门出来,两只斑鸠突然从院中飞起,落到房檐上,还在探头探脑瞅着院中尚未吃完的米谷。我的心里一动,它们终于有胆子到院内落脚觅食了,这是一次突破性的进展。

然而有我在场的时候,它们绝不飞落到院里来觅食,无论我抛撒的米谷多么富于诱惑。这一刻,我就清晰地意识到,它们还不完全是我家的斑鸠。

要让斑鸠随心无虞地落到小院里,心地踏实地觅食,在我的眼下,在我的脚前,尚需一些时日。我将等待。

2001 年

杜鹃

◎郭沫若

杜鹃，敝同乡的魂，在文学上所占的地位，恐怕任何鸟都比不上。

我们一提起杜鹃，心头眼底便好像有说不尽的诗意。

它本身不用说，已经是望帝的化身了。有时又被认为薄命的佳人，忧国的志士；声是满腹乡思，血是遍山踯躅；可怜，哀婉，纯洁，至诚……在人们的心目中成为了爱的象征。这爱的象征似乎已经成为了民族的感情。

而且，这种感情还超越了民族的范围，东方诸国大都受到了感染。例如日本，杜鹃在文学上所占的地位，并不亚于中国。

然而，这实在是名实不符的一个最大的例证。

杜鹃是一种灰黑色的鸟，毛羽并不美，它的习性专横而残忍。

杜鹃是不营巢的，也不孵卵哺雏。到了生殖季节，产卵在莺巢中，让莺替它孵卵哺雏。雏鹃比雏莺大，到将长成时，甚且比母莺还大。鹃雏孵化出来之后，每将莺雏挤出巢外，任它啼饥号寒而死，它自己独霸着母莺的哺育。莺受鹃欺而不自知，辛辛苦苦地哺育着比自己还大的鹃雏，真是一件令人不平、令人流泪的情景。

想到了这些实际，便觉得杜鹃这种鸟大可以作为欺世盗名者的标本了。然而，杜鹃不能任其咎。杜鹃就只是杜鹃，它并不曾要求人把它认为佳人，志士。

人的智慧和莺也相差不远，全凭主观意象而不顾实际，这样的例证多的是。

因此，过去和现在都有无数的人面杜鹃被人哺育着。将来会怎样呢？莺虽然不能解答这个问题，人是应该解答而且能够解答的。

一九三六年春

杜鹃枝上杜鹃啼

◎周瘦鹃

鸟类中和我最有缘的，要算是杜鹃了。记得四十五年前，我开始写作哀情小说；有一天偶然看到一部清代词人黄韵珊的“帝女花传奇”，那第一折楔子的《满江红》词末一句是“鹃啼瘦”三字，于是给自己取了个笔名“瘦鹃”，从此东涂西抹，沿出至今，倒变成了正式的名号。杜鹃惯作悲啼，甚至啼出血来，从前诗人词客，称之为“天地间愁种子”，鹃而啼瘦，其悲哀可知。可是波兰有支名民歌《小杜鹃》，我虽不知道它的词儿，料想它定然是一片欢愉之声，悦耳动听。

鸟和花虽有连带关系，然而鸟有鸟名，花有花名，几乎没一个是雷同的，惟有杜鹃却是花鸟同名，最为难得。唐代大诗人白乐天诗，曾有“杜鹃花落杜鹃啼”之句；往年亡友马孟容兄给我画杜鹃和杜鹃花，题诗也有“诉尽春愁春不管，杜鹃枝上杜鹃啼”之句，句虽平凡，我却觉得别有情味。

杜鹃有好几个别名，以杜宇、子规、谢豹三个较为习见。据李时珍说：“杜鹃出蜀中，今南方亦有之，状如雀鹞，而色惨黑，赤口有小冠。春暮即鸣，夜啼达旦，鸣必向北，至夏尤甚，昼夜不止，其声哀切。田家候之，以兴农事。惟食虫蠹，不能为巢，居他巢生子，冬月则藏蛰。”关于杜鹃的一切，这里说得很明白，看它能帮助田家兴农事，食虫蠹，分明是一头益鸟。

它的啼声哀切,也许是出于至诚,含有“垂涕而道”的意思,好使田家提高积极性,不要耽误了农事。

杜鹃有一个神话,据说是蜀王杜宇称帝,号望帝,那时荆州有一个死而复生的人,名鳖灵,望帝立以为相。恰逢洪水为灾,民不聊生,鳖灵凿巫山,开三峡,给除了水患。隔了几年,望帝因他功高,就让位于他,号开明氏,自己入西山,隐居修道。死了之后,忽然化为杜鹃,到了春天,总要悲啼起来,使人听了心酸。据说,杜鹃的啼声,是在说“不如归去”。因此诗词中就有不少以此为题材的,如宋代范仲淹诗云:“夜入翠烟啼,昼寻芳树飞;春山无限好,犹道不如归。”康伯可《满江红》词有云:“……镇日叮咛千百遍,只将一句频频说;道不如归去不如归,伤情切。”每逢暮春时节,我的园子里杜鹃花开,常可听得有鸟在叫着“居起、居起”,据说就是杜鹃,“居起”是苏、沪人“归去”的方言,大概四川的杜鹃到了苏州,也变此腔,懒得说普通话了。

西方人似乎爱听杜鹃声,所以波兰有《小杜鹃》歌。西欧各国还有一种杜鹃钟,每到一点钟有一头杜鹃跳出来报时,作“克谷”之声,正与杜鹃的英国名称“Cuckoo”相同,十分有趣。我以为杜鹃声并不悲哀,为什么古人听了要心酸,要断肠,多半是一种心理作用吧?

麦黄草枯说布谷

◎李明官

芒种时节，南风悠悠，熟麦飘香，一声声布谷鸟鸣如急促的上工号子，催得农人们脚板子不沾地。割麦如救火，他们和布谷鸟一样懂得这种简朴而精深的哲学。

在乡下，最令人快慰的莫过于在一阵阵麦香里感知布谷鸟一声紧似一声的敦促。那是一种自由、舒散，让人怀着感戴的心情去凝听的天外之音。刚从这一片林子里响起，又在另一处田垄上回荡。隐隐悠悠，或徐或疾，在仲夏的西南风中润染开来，又悄然隐于窸窸的麦浪之中，如清清渠水渗入干裂的土地。那种充满灵性的喊叫，纯净坦然，深沉凝重，远不似麻雀檐下之语的琐碎，喜鹊枝头之噪的乖俏，更不若娇怯的黄莺，仅为一己的情爱而歌。它关心着农事，没有半毫私心。它的焦虑的啼鸣不是以喉管轻巧地吟出，亦不是自舌尖悄然滑落，那急呛、紧迫的上工号子浓缩了人世间太多的忧患，是用心血写出来的，膜拜土地的人们不能不为之动容。

布谷催种，始于春分，麦熟尤甚。“田家少闲月，五月人倍忙”，麦收一场是要让人脱一层皮的。嘎巴嘎巴弯下的古铜色脊梁，鼓凸的青筋和干裂的嘴唇，无不诠释着稼穑的艰辛。而农人们一颗颗疲乏的快乐之心却随着布谷鸟的兴奋之鸣，在高大结实的麦草垛上舞蹈。一个寂静的夏日正午总如一幅精美的油画般，在我记忆的晴天里翻晒。那时，太阳的神辇从一望无垠的麦地上驶过，饱满的麦粒在明艳的阳光下发出响亮的簌簌声。这一片庞杂浩瀚的庄稼之音间以一两滴布谷鸟若远若近，忽断忽续的清啼，真让人不知其情之何以移，其神之何以旷。

夕暮时分，谁家乖巧的孩子挎着竹篮，拎着水罐，为在地里挥汗如雨的父母送饭茶来了。孩子一放下手中的东西，便懂事地蹲上畦子，细心地捡拾割落的麦穗。忽然，头顶上灵性的布谷鸟以一串精绝的号音诱惑着，孩子拿着麦穗的手慢下了，他按捺不住天性的好奇，歪了草帽，眯缝着眼，迎着刺目的阳光去搜寻这灵物。坐在田埂上嘎吱嘎吱嚼着咸菜下饭的父母，以一种和悦而憔悴的神情幸福地望着。这场景，总使我怀念起优雅的《诗经》里“以其妇子，馌彼南亩”、“有嗿其馌，思媚其妇，有依其士”这样古朴淳厚的图景，古今的劳作竟是这样令人心动地一脉相承呵。

布谷鸟作为季节的信使，一直在农业这部厚厚的辞典中穿梭忙碌。而把它作为一种物候，一条农谚，一句良言并与之厮守了整整一辈子的庄户人家，却鲜有能准确地道出它的真名实姓的。这似乎有些不可思议，甚而近乎残酷了。桑梓父老惯常以“麦黄草枯”称之，盖因其鸣相类也。我曾拽住斜对门深谙农事的麻老队长搭在肩头油腻腻的粗布大褂，讨教这忧心如焚的生灵的名字，麻老队长一脸茫然，最后不耐烦地丢了句：“连噗咕噗咕都不晓得，真是的。”我愣愣着，恍然有了一种被朝夕相伴的朋友遗弃的失落。

其实，布谷鸟是从远古洪荒，从厚厚的线装书中扑楞着翅膀，诚心诚意地向我们啼唱过来的。《曹风》说，“尸鸠在桑，其子七兮”，桑榆乃家园之树，可以想见，布谷鸟和我们曾经是多么要好的近邻；《离骚》却每多伤春惜时之慨叹：“恐鹈鴂之先鸣”；李太白一句“杨花落尽子规啼”道尽了人生离愁、世事沧桑；而崔涂“杜鹃枝上月三更”又在这凄清的鸟声中倾入了日暮乡关故家月明的万般无奈。

后来，偶翻明张岱《夜航船》，见其“四灵部”条云：“布谷，即斑鸠，农事方起，此鸟飞鸣于桑间，若云谷可布种也。又其声曰‘家家撒谷’，又云‘脱却破裤’，因其声之相似也。”我疑心一贯精博的张宗子是弄讹错了。一本《鸟谱》记载得极明了：大杜鹃，又名布谷，体长320毫米，上体纯暗灰色，眼、脚黄，嘴黑褐，栖居于开阔林地，嗜吃毛虫。这些特征，与以草籽、谷粒为食的斑鸠大相径庭。可见，这两种鸟实在是不搭界的。

在布谷鸟众多蕴含着丰富内涵的雅称中，我对杜鹃这个名字情有独钟。这纤纤巧巧的名儿惯常为农家姑娘所用，每念叨起这清脆悦耳的名字，眼前便会出现一堵院墙，一株向日葵，一扇低矮的蓬门吱呀而开，一位扎羊角辫，穿红衬衣的村姑，拿着草绳和镰刀，匆匆奔向新割的麦地……

给人以神奇的遐想和无尽寄托的布谷鸟，却背负着一个致命的缺憾，懒于筑巢。在多少书上，白纸黑字，为其盖棺论定：鸠占鹊巢。或许因了这层缘故，不会用如簧的巧舌开脱罪责的布谷鸟，总是心甘情愿地沐浴在炎阳下，声嘶力竭地为自己赎罪。

“麦黄草枯，麦黄草枯”，这不知其源，亦不知其终的鸣叫，如一脉地气，一缕阳光，一阵南风，一垄麦香，越过时空，铺展在高远的天宇，辽旷的田畴，一直抵达我们的心灵。

云雀

◎贾平凹

小小的时候，我眼见过一个奇妙的现象，便不敢忘去；一直到现在，我已是垂垂暮年了，但仍还百思不得其解呢。

我们的隔壁，是住着一位老头的。他极能养鸟，门前的木架上，吊下各式各样的鸟笼；里边住着云雀，绿嘴，画眉，黄鹂儿……尽是些可怜可爱的生灵儿。整天整天里，我们就守在那鸟笼下，听着它们鸣叫。叫声很是好听，尤其那只云雀，像唱歌一样，打老远就能听见，使人禁不住要打一个麻酥酥的颤儿了。

时间一长，那云雀声就不比以前那么脆了，老头便给它吃最好的谷，喝最清的水，稍不鸣叫，就万般逗弄；于是它就又叫起来了。但它叫起来的时候，总是在笼里不能安宁，左一撞，右一碰的，常常把黄黄的小嘴从笼格里挤出来，盯着高高的云天，叫得越发哑了。

"它唱得太疲劳了。"我们都这么说，便去给老头建议，不要逗弄它了吧。

但是，每每黎明的时候，它就又叫起来了，而且每个黎明都叫。我们爬起来，从窗口里看去，天刚刚发亮，云升得很高很高，老头并没有起床呢。于此才明白别人不逗弄它，它还是每天要叫的；依然嘴挤在笼格外边，翅膀扑闪着，竟有几根茸茸的羽毛掉了下来。

“它在练嗓子吗?”妹妹说。

“不,它那嗓子已经哑了。”我说。

“那它为什么还要唱呢?”

“谁知道呢? 你听,它是在唱一支忧郁的歌吗?”

细细听起来,果然那叫声充满了忧郁;那往日里悠悠然的叫声原来是痛苦的呼喊呢?!

“是它肚子饥了,渴了吧?”妹妹又说。

我们跑过去,要给它添些食儿,却看见笼里,满满地放着一盘黄谷,一盘清水:这便又使我们迷糊了。

“一定是向往着云天吧。”

我们这么不经意地说过,立即便觉得是很正确的了。想,它未被老头捉住之前,它是飞在天上的,天那么空阔,天便全然是它的;黎明的时候,它一定是飞得像云一样地高,向黑暗宣告着光明。如今,黎明来了,它却飞不出去,才这么发疯似地抗议了! 我们在笼下捡起那抖落下的羽毛,深深地感到它的可怜了。

我们把这想法告诉给老头,老头笑我们可爱,却终没有放了它去。它每天还是这么叫着,唱那一支忧郁的歌。

我们终于不忍了,在一个黎明,悄悄起来,拆开了笼的门,放它出去了。它一下子飞到了柳树梢上,和柳梢一起激动,有些站不稳,几乎就要掉下来了。但立即就抖抖身子,对着我们响亮地叫了一声,倏忽消失在云天里不见了。

老头发觉走失了云雀,捶胸顿足了一个早上,接着就疑心被人放走的,大声叫骂。我们听了,心里却充满欢乐,觉得干了一件伟大的事情。

云雀飞走了，我们却时时恋念着它，当看着那笼里的绿嘴、黄鹂、画眉，就想它这个时候，是在天的哪一角呢？在云的哪一层呢？它该是多么快活，那唱的，再也不是忧郁的歌了，而是凌云之歌，自由之歌，生命之歌了啊！

一天过去了，两天过去了，突然，我们在那棵柳树上，却发现了它。它样子很单薄，似乎比以前消瘦多了，也疲倦多了；在风里，斜了翅膀，上下怯怯地飞。我们惊喜地呼唤它，但立即就赶走了它，怕那老头发现了，又要捉它回去。

但是，就在第四天的早上，我们刚刚醒来，突然就又听到了云雀的叫声。赶忙跑出门，看那柳树，柳树上没有它。老头却在大声地喊叫我们了：

"啊，云雀，还是我的那个云雀！"

我们看时，老头正提着那个鸟笼。笼门已经重新封了，云雀果然就在里边，一声一声地叫。这使我们大惊失色，责问他怎么又捉了它，老头说：

"哪里！是它飞回来的；这鸟笼一直在那里空着，它就飞回来了呢。"

"这怎么可能呢？"我们说。

"怎么不可能呢？"老头说，笑得更得意了。"我已经喂它两年了，这笼里多舒服啊！"

我们走近去，云雀呆在那里，急急地吃着那谷子，喝着那清水，好像它一直在饿着，在渴着，末了，就静静地卧下来，闭上了眼睛，作着一种疲乏后的休息。

我们默默地看着它，这只美丽的云雀，再没有说出话来。

1981 年 7 月 22 日作于静虚村

百灵

◎王世襄

我喜欢百灵，却从来也没有认认真真养过百灵。这种鸟古代叫天鹨，一名告天鸟，近代通称云雀，在西方则有 Lark 之称。

儿时在北京，接近了一些养百灵的人。他们多数是八旗旧裔，但也有贩夫走卒，甘心把家中所有或辛勤所得全部奉献给百灵。从这些行家们口中得知，如果养百灵不像京剧那样有“京派”、“海派”之分，至少也有“北派”、“南派”之别。北派对百灵的鸣叫有严格的要求，笼具则朴质无华，尺寸也不大。南派讲求百灵绕笼飞鸣，故笼子高可等身，而且雕刻镶嵌，十分精美，价值可高达千百金。正因其高，富家遛鸟，多雇用两人，杠穿笼钩，肩抬行走。

北派专养“净口百灵”。所谓“净口”就是规定百灵只许叫十三个片段，通称“十三套”。十三套有一定的次序，只许叫完一套再叫一套，不得改变次序，不得中间偷懒遗漏或胡乱重复。

十三套的内容可惜我已不能全部记清了，只记得从“家雀闹林”开始，听起来仿佛是隆冬高卧，窗纸初泛鱼肚色，一只麻雀从檐下椽孔跃上枝头，首先发难。继而是两三声同伴的呼应，随后成群飞落庭柯，叽叽喳喳，乱成一片。首套初毕，转入

"胡伯喇搅尾儿"。胡伯喇就是伯劳,清脆的关关声中,间以柔婉的呢喃,但比燕子的呢喃嘹亮而多起伏,真是百啭不穷。猛地嘎然一声是山喜鹊,主音之后,紧促而颤动的余音作为一句的结尾,行家们称之为"咯脑袋的炸林",以别于"过天"。过天则音调迥升,悠然飘逸,掠空而去。原来"炸林"和"过天"是山喜鹊的两种基本语言,在栖止和飞翔时叫法有别而已。下去是学猫叫和鹰叫。一般禽鸟最怕猫和鹰,养鸟的却偏要百灵去学它最害怕的东西。学猫叫则高低紧慢,苍老娇媚,听得出有大小雌雄之分。学鹰叫则声声清唳,冷峭非凡,似见其霜翎劲翮,缓缓盘空。复次是"水车子轧狗子"。北京在有自来水之前,都用独轮推车给家家户户送水。每日拂晓,大街小巷,一片吱吱扭扭的水车声。狗卧道中,最容易被水车子轧着,故不时有一只狗几声号叫,一瘸一拐地跑了。净口百灵最好能学到水车声自远而近,轧狗之后,又由近而远。如果学不到这个程度,也必须车声、狗声俱备,二者缺一,便是"脏口",百灵就一文也不值了。十三套还有几句常规的结尾,据说西城的和东城的叫法还小有区别,明耳人能一听便知,说出它是西城的传统还是东城的流派。十三套连串起来,要求不快不慢、稳稳当当、顺顺溜溜、一气呵成,真可谓洋洋洒洒、斐然成章!

过去东西南北城各有一两家茶馆,名叫"百灵茶馆"。东城的一家就在朝阳门外迤北,夹在护城河与菱角坑之间的"爱莲居"。凡是百灵茶馆都只许净口百灵歌唱,别的鸟不许进门,只能扣上笼罩,在窗户外边听,连敞开罩子吱一声都要受到呵斥。

进门一看,真叫肃静,六间打通了的勾连搭茶室,正中一张八仙桌是百灵独唱的舞台,四匝长条桌围成一圈,上面放着扣好罩子的百灵笼，不下百十具，一个个鸟的主人靠墙而坐，洗耳恭听。

俗话说：“父以子贵，妻以夫荣。”养百灵的却可以说“人以鸟尊”！哪一位的鸟是班头，主人当然就是魁首。只要他一进茶馆，列位拱手相迎，前簇后拥，争邀入座，抢会茶钱，有如众星捧月，好不风仪，好不光彩，而主人也就乐在其中了。

当年我也曾想养一笼净口百灵，无奈下不起这个苦功夫。天不亮，万籁俱寂、百鸟皆喑的时候便提出笼来遛，黎明之前必须回家。白天则将笼子放在专用的空水缸内，盖上盖，使百灵与外界隔绝，每天只有一定的时间让它放声鸣叫。雏鸟初学十三套时，要拜一笼老百灵为师，天天跟它学，两年才能套子基本稳定，三年方可出师，行话叫做“排”。意思和幼童在科班里学戏一样，一招一式、一言一语都是排出来的。所以养净口百灵，生活起居，必须以笼鸟为中心，一切奉陪到底。鸟拜了师，人也得向鸟师父的主人执弟子礼，三节两寿不可怠慢失仪。鸟事加人事，繁不胜繁，所以我只好望笼兴叹了。

中年以后，有机会来到南方的几个大城市，看到北派行家口中所谓的南派养法。高笼中设高台，百灵耸身登上，鼓翅而鸣，继以盘旋飞翔，有如翩跹起舞。至于歌唱，则适性任情，爱叫什么叫什么，既无脏口之说，更谈不上什么十三套了。我认为去掉那些人为的清规戒律，多给百灵一点自由，也未可厚非。当年我曾抑南崇北，轩轾甲乙，自然是受了北派的影响，未免有门户之见。

不意垂老之年，来到长江以南的濒湖地区——湖北咸宁。我被安排住在围湖造田的工棚里，放了两年牛。劳动之余，躺在堤坡上小憩，听到大自然中的百灵，妙音来自天际。极目层云，只见遥星一点，飘忽闪烁，运行无碍，鸣声却清晰而不间歇，总是一句重复上百十次，然后换一句又重复上百十次。如此半晌时刻，蓦地一振翅，像流星一般下坠千百仞，直落草丛中。这时我也好像从九天韶乐中醒来，回到了人间，发现自己还是躺在草坡上，不禁嗒然若失。这片刻可以说是当时的最高享受，把什么抓“五·一六”等大字报上的乌七八糟语言忘个一干二净，真是快哉快哉！

听到了大自然中的百灵，我才恍然有悟，北派的十三套和南派的绕笼飞鸣，都不过是各就百灵重复歌唱的习性，使它在不同的场合有所表现而已。

北派十三套，可以把活鸟变成录音带，一切服从人的意志。老北京玩得如此考究、到家，说出来可以震惊世界。不过想穿了，养鸟人简直是自己和自己过不去，没罪找罪受，说句北京老话就是“不冤不乐”。南派的绕笼飞鸣，也终不及让鸟儿在晴空自由翱翔，自由歌唱。对百灵的欣赏由抑南崇北到认识南北各有所长，未容轩轾，直至最后觉得可爱好听还是自由自在的天籁之音，这也算是我的思想感情的一点变化吧。

1987 年

黄鹂

——病期琐事

◎孙犁

这种鸟儿，在我的家乡好像很少见。童年时，我很迷恋过一阵捕捉鸟儿的勾当。但是，无论春末夏初在麦苗地或油菜地里追逐红靛儿，或是天高气爽的秋季，奔跑在柳树下面网罗虎不拉儿的时候，都好像没有见过这种鸟儿。它既不在我那小小的村庄后边高大的白杨树上同黧鸡儿一同鸣叫，也不在村南边那片神秘的大苇塘里和苇咋儿一块筑窠。

初次见到它，是在阜平县的山村。那是抗日战争期间，在不断的炮火洗礼中，有时清晨起来，在茅屋后面或是山脚下的丛林里，我听到了黄鹂的尖利的富有召唤性和启发性的啼叫。可是，它们飞起来，迅若流星，在密密的树枝树叶里忽隐忽现，常常是在我仰视的眼前一闪而过，金黄的羽毛上映照着阳光，美丽极了，想多看一眼都很困难。

因为职业的关系，对于美的事物的追求，真是有些奇怪，有时简直近于一种狂热。在战争不暇的日子里，这种观察飞禽走兽的闲情逸致，不知对我的身心情感，起着什么性质的影响。

前几年，终于病了。为了疗养，来到了多年向往的青岛。春天，我移居到离海边很近，只隔着一片杨树林洼地的一幢小楼房里。有很长的一段时间,我一个人住在这里,清晨黄昏,我常常到那杨树林里散步。有一天,我发现有两只黄鹂飞来了。

这一次,它们好像喜爱这里的林木深密幽静,也好像是要在这里产卵孵雏,并不匆匆离开,大有在这里安家落户的意思。

每天,天一发亮,我听到它们的叫声,就轻轻打开窗帘,从楼上可以看见它们互相追逐,互相逗闹,有时候看得淋漓尽致,对我来说,这真是饱享眼福了。

观赏黄鹂,竟成了我的一种日课。一听到它们叫唤,心里就很高兴,视线也就转到杨树上,我很担心它们一旦要离此他去。这里是很安静的,甚至有些近于荒凉,它们也许会安心居住下去的。我在树林里徘徊着,仰望着,有时坐在小石凳上谛听着,但总找不到它们的窠巢所在,它们是怎样安排自己的住室和产房的呢?

一天清晨,我又到树林里散步,和我患同一种病症的史同志手里拿着一支猎枪,正在瞄准树上。

“打什么鸟儿?”我赶紧过去问。

“打黄鹂!”老史兴致勃勃地说,“你看看我的枪法。”

这时候,我不想欣赏他的枪技,我但愿他的枪法不准。他瞄了一会儿,黄鹂发觉飞走了。乘此机会,我以老病友的资格,请他不要射击黄鹂,因为我很喜欢这种鸟儿。

我很感激老史同志对友谊的尊重。他立刻答应了我的要求,没有丝毫不平之气。并且说:

“养病么,喜欢什么就多看看,多听听。”

这是真诚的同病相怜。他玩猎枪,也是为了养病,能在兴头儿上照顾旁人,这种品质不是很难得吗?

有一次,在东海岸的长堤上,一位穿皮大衣戴皮帽的中年人,只是为了讨取身边女朋友的一笑,就开枪射死了一只回翔在天空的海鸥。一群海鸥受惊远飏,被射死的海鸥落在海面上,被怒涛拍击漂卷。胜利品无法取到,那位女人请在海面上操作的海带培养工人帮助打捞,工人们愤怒地掉头划船而去。这给我留下了深刻的印象。回到房子里,无可奈何地写了几句诗,也终于没有完成,因为契诃夫在好几种作品里写到了这种人。我的笔墨又怎能更多地为他们的业绩生色?在他们的房间里,只挂着契诃夫为他们写的褒词就够了。

惋惜的是,我的朋友的高尚情谊,不能得到这两只惊弓之鸟的理解,它们竟一去不返。从此,清晨起来,白杨萧萧,再也听不到那种清脆的叫声。夏天来了,我忙着到浴场去游泳,渐渐把它们忘掉了。

有一天我去逛鸟市。那地方卖鸟儿的很少了,现在生产第一,游闲事物,相应减少,是很自然的。在一处转角地方,有一个卖鸟笼的老头儿,坐在一条板凳上,手里玩弄着一只黄鹂。黄鹂系在一根木棍上,一会儿悬空吊着,一会儿被拉上来。我站住了,我望着黄鹂,忽然觉得它的焦黄的羽毛,它的嘴眼和爪子,都带有一种凄惨的神气。

“你要吗?多好玩儿!”老头儿望望我问了。

“我不要。”我转身走开了。

我想,这种鸟儿是不能饲养的,它不久会被折磨得死去。这种鸟儿,即使在动物园里,也不能从容地生活下去吧,它需要的天地太宽阔了。

从此,有很长一段时间,我不再想起黄鹂。第二年春季,我到了太湖，在江南，我才理解了“杂花生树，群莺乱飞”这两句文章的好处。

是的，这里的湖光山色，密柳长堤；这里的茂林修竹，桑田苇泊；这里的乍雨乍晴的天气，使我看到了黄鹂的全部美丽，这是一种极致。

是的，它们的啼叫，是要伴着春雨、宿露，它们的飞翔，是要伴着朝霞和彩虹的。这里才是它们真正的家乡，安居乐业的所在。

各种事物都有它的极致。虎啸深山，鱼游潭底，驼走大漠，雁排长空，这就是它们的极致。

在一定的环境里，才能发挥这种极致。这就是形色神态和环境的自然结合和相互发挥，这就是景物一体。典型环境中的典型性格，也可以从这个角度来理解吧。这正是在艺术上不容易遇到的一种境界。

1962 年

稀世之鸟

◎周涛

我躲进索溪峪，钻山入洞，远离了那些把词语当瓜子嗑来嗑去的嚼舌家们，这下耳根清净了。

我抽烟于戒烟日，并喝浓茶；你晾衣物于阳台，阳台宽大。

你说，“快来看呀”，压低了声音。我看见了一只鸟，惊叹一声扭身就跑回屋里去。

怎么啦！拿眼镜。没有眼镜我看不清，这么漂亮的鸟我没见过。这是什么鸟儿呀？

“大概是朱鹮了。”

“朱鹮是什么？”

“据说这个自然保护区仅存一对，全世界现在也没几只了，一种珍禽。”

珍禽就是不同凡响。我们的悄声低语并不惊动它，它就立在离阳台很近的树杈上，周围浓荫密布。它红嘴美目，身姿翩然，尾长尺许，一片华彩。它看见我们呆看它，并不惊飞，而且似不惧人，依然伫立枝头轻声鸣叫，若有所盼。它好像深知自己的美足以使人类忘却杀心，因而不躲闪惊恐如雀。可是绝美的朱鹮，你却为什么仅剩一对了呢？而且已经濒临灭绝，为什么还不防范，学会保护自己呢？

它就立在我们眼前低鸣呼唤着。

你说，现在是求偶期。果然，另一只从树丛的缝隙间款款飞来，形态颜色绝似，只是略小，无冠。这对仅存的绝代佳偶，站立枝头低鸣悄语，互相凝视，意态优雅。

他叫她，她来了。他们分离片刻，聚首便成了重逢。彼此的爱慕之情，使人一望也会感动。他从高枝翩翩飞落低丫，翎羽不乱，像一个年轻绅士熟练的舞步；她从低丫轻飞上高枝，逗他，回眸一笑百媚生。它们仿佛在商量，在挑选更好的去处，一点不焦躁，好像总能把本能的欲望控制在美的范畴。

显然，这是一对鸟中的王者了。因其珍奇罕有而为王，因其绝美至雅而为后。这唯一的一对朱鹮，遗世而独立，在我们面前展示出鸟的修养，鸟的品质，鸟的超凡脱俗和纯净。顿时，凌空向外探出的阳台成了我们的包厢，浓荫四布的高树以及远山和近处的稻田成了布景真实的舞台，稻田里秧鸡的鸣声成了隐隐升起的混声合唱。舞台的中心是这样一对芭蕾舞明星，古典的爱情故事，中世纪的王国里走来一双复活的情侣，忠贞不渝的伙伴——世界于是重又成了他们的。

“绝美！”你赞叹着说，“快去叫他们来看！”

我没动。我唯恐惊飞了它们，更害怕错失这一幕最后的瞬间。我目不转睛且随之慢慢挪动，我已经不是在看两只鸟儿，而是在看一双不死的情爱之魂于光天化日之下现形！我当然想到了化蝶的梁祝，随之在耳边飘曳出那优美的小提琴协奏曲；我当然还想到了哈姆雷特的独白，“活着呢还是死？这是个问题”，如此等等。

这对朱鹮肯定是不会存在离婚的问题了，因为只有一对；它们显然更不用考虑计划生育的问题，因为即将绝种；但是难道它们不该考虑一下生态平衡的问题吗？老鼠那么猖獗，苍蝇那么密集,许多伟大的物种都在丑恶的包围中不堪忍受弃世而去,你俩,是不是也打算这样呢?诚如是,这便是一次美的绝灭。

美的绝种是对强大世俗丑恶力量的抗议,也是留给这世间的唯一悲剧。它就是要让你永远无法弥补。

只是,朱鹮,你这样做不是太残酷了么?留给丑恶去耕耘不是太缺乏责任感了么?

朱鹮终于首尾相衔,一前一后飞走了,低低飞绕于绿荫丛中,留下了我们的包厢和一座空舞台。

朱鹮飞走了,唯一的一对儿。

不知它们能否躲过几只瞄准的枪口?在索溪峪,它们还有可能延续生存下去吗?我有点儿担忧。这时,我毫不搭界地突然想起两句诗来:

生如闪电之耀亮
死如彗星之迅忽

只是,我又何苦去为一对鸟的命运担忧?

在世俗的强大手掌笼盖之下,耀亮过了,尽管迅忽,也许就是一切稀世之物的品格和命运吧?伟人忧国,愚人忧鸟。

恋爱之鸟

◎贾祖璋

“宋时潮州有富人,江行见二子美貌,曰:‘一兄一妹,双生也;早失怙恃,养于舅氏,舅母不容,丐以度日,年十三矣。’因携以归。兄能捕鱼,风雪不倦;得鱼献主之外,分为二子啖焉。妹专绣刺鸳鸯,毫毛俱备,极其工巧。居三年,女长,富人欲犯之,辄辞年幼不可强,题诗其襦间云:‘觅得如花女,朝朝依绣床,百花浑不爱,只是绣鸳鸯。’兄曰:‘依人为难,不如去之。’女题诗于壁曰:‘终日绣鸳鸯,懒把蛾眉扫,且归水云乡,百年可偕老。’化双鸳鸯飞去。”(《江湖纪闻》)你看鸳鸯是这样神韵飘然的少年男女的化身,是一对不慑于势利的高尚纯洁的恋爱者的替身,对于她,我们怎能不低回吟咏其绸缪旖旎的恋情呢?

> 朝飞绿岸,夕归丹屿;顾落日而俱吟,追清风而双举。时排荇带,乍拂菱花;始临涯而作影,遂蹙水而生花。亦有佳丽自如神,宜羞宜笑复宜嚬;既是金闺新入宠,复是兰房得意人。见兹禽之栖宿,想君意之相亲。(萧纲:《鸾鸯赋》)

> 两两珍禽渺渺溪,翠衿红掌净无泥。向阳眠处莎成毯,踏水飞时浪作梯。依倚雕梁轻社燕,抑扬金距笑晨鸡。劝君细认渔翁意,莫遣绾罗误稳栖!(韩偓:《玩

水禽》)

蘋洲花屿接江湖,头白成双得自如。春晚有时描一对,日长消尽绣工夫。(曹组:《鸳鸯》)

芦叶青青水满塘,文鸳晴卧落花香。不因羌管惊飞起,三十六宫春梦长。(汪广洋:《鸳鸯》)

鸳鸯能被人用这样艳丽和谐的笔墨来描写者,实由于他是雌雄相匹的一夫一妻制的鸟类。古人见他们在清波明湖之中,鹣鹣喁喁,唼喋并游的神情,以为虽誓生死不相离异的热恋的情侣,亦无以过之。所以在这个习性上,形容过甚的,就说“人获其一,则一相思而死”(《古今注》)。而《淮安府志》,更有一则似乎是实事的记录:“成化六年十月间,盐城大踪湖,渔父弋一雄鸳,刳割置釜中煮之。其雌者随棹飞鸣不去,渔父方启釜,即投沸汤中死。”这假如真的实有其事,那末人间古有殉节的烈女,这可谥之为烈鸳鸯了。

然而这世界,本来是一个悲苦的世界;我们人类,更是一种最愁惨的生物;而恋情的足以厄人,尤为必然的事实。视彼小鸟,乃反多“头白成双得自如”之乐;就不免易于引起人不如鸟的感想。于是,死于恋情的人,自来每多目之可以化作鸳鸯,例如《搜神记》中,有一个故事:“宋康王舍人韩凭,娶妻何氏美,康王夺之。凭怨,王囚之,论为城旦,俄而凭乃自杀。其妻乃阴腐其衣,王与之登台,妻遂自投台;左右揽之,衣不中手而死。遗书于带曰:‘王利其生,妾利其死,愿以尸骨赐凭合葬。’王怒弗听,使里人埋之,冢相望也。王曰:‘尔夫妇相爱不已,若能使冢合,则吾弗阻也。’宿昔之间,便有梓木生于二冢之端,旬日而大盈抱,屈体相就,根交于下,枝错于上。又有鸳鸯,雌雄各一,恒栖树上,晨夕不去,交颈悲鸣,音声感人。宋人哀之,遂号其木曰相思树,相思之起于此也;南人谓此禽即韩凭夫妇之精魂。”长诗《孔雀东南飞》的结尾亦云:“两家求合葬,合葬华山傍:东西植松柏,左右种梧桐,枝枝相覆盖,叶叶相交通。中有双飞鸟,自名为鸳鸯;仰头相向鸣,夜夜达五更;行人驻足听,寡妇起彷徨。”

在这样的意义上,鸳鸯就也成为一种深怨幽哀的动物;虽然看他是鹣鹣喁喁,融然陶然,但似乎他的内心,却有甚多的惆怅呢。试读几首满含此种深意的诗歌:

南山一树桂,上有双鸳鸯;千年长交颈,欢庆不相忘。(古诗)

君不见:昔时同心人,化作鸳鸯鸟,和鸣一夕不暂离,交颈千年尚为少。二月草菲菲,山樱花未稀,金塘风日好,何处不相依。既逢解佩游女,更值凌波宓妃。精光摇翠盖,丽色映珠玑。双影相伴,双心莫违,淹流碧沙上,荡漾洗红衣。春光兮宛转,嬉游兮未反。宿莫近天泉池,飞莫近长洲苑;尔愿欢爱不相忘,须去人间网罗远。南有潇湘洲,且为千里游,洞庭无苦寒,沅江多碧流。昔为薄命妾,无日不含愁;今为水中鸟,颉颃自相求。洛阳女儿在青阁,二月罗衣轻更薄,金泥文彩未足珍,画作鸳鸯始堪著。亦有少妇破瓜年,春闺无伴独婵娟,夜夜学织连枝锦,织作鸳鸯人共怜。悠悠湘水滨,清浅漾初蘋,菖花发艳无人识,江柳逶迤空自春。惟怜独鹤依琴曲,更念孤鸾隐镜尘。愿作鸳鸯被,长覆有情人。(李德裕:《鸳鸯篇》)

雌去雄飞万里天,云罗满眼泪潸然。不须长结风波愿,锁向金笼始两全。(李商隐:《鸳鸯》)

江云碧静霁烟开,锦翅双飞去又回。一种鸟怜名字

好，只缘人恨别离来。暖依牛渚江莎媚，夕宿龙池禁漏催。相对若教春女见，便应携向凤凰台。（罗邺：《鸳鸯》）

翠翘红颈覆金衣，滩上双双去又归。长短死生无两处，可怜黄鹄爱分飞。（吴融：《鸳鸯》）

绣缨霞翼两鸳鸯，金岛银川是故乡。只合双飞便双死，岂悲相失与相忘。烟花夜泊红蕖腻，兰渚春游碧草芳；何事遽惊云雨别，秦山楚水两乖张。（吴融）

盘中一箸休嫌瘦，如骨相思定不肥。（《山家清供》）

相思鸟

◎王小鹰

半夜里下过一场撼天动地的过山雨。

早晨，舅姥姥上林子里拾茅柴时，在草窝里捡到一只被风雨打断翅膀的相思鸟。

葵表姐心最软了，噙着眼泪替它包扎伤口，还用细水竹编了只精巧的五角笼子。临上山，她把笼子连同相思鸟一起托给我了，左叮咛，右嘱咐：别忘了喂食呀，要当心贪嘴野猫呀。上了小路还一步三回头的。

哦，我敢说天下没比我更幸运的人了。舅姥姥早就告诉过我，相思鸟都是世间殉情男女的灵魂变的，他们为了生生死死在一起，宁愿化作山野草莽中的比翼鸟！我曾想得到一只相思鸟，都快想疯了呢。村里的女娃们来约我采山果，我拒绝了，心只在这鸟儿身上，就算满坡的草莓顷刻间都变成通红透亮的玛瑙，我也不稀罕。

受伤的相思鸟静静地蜷缩在笼子里，像一块没有生命的翠石。我实在难以想象这弱小的身躯是怎样抵御夜间那场风刀雨箭侵袭的，爱怜之情油然而生。我伸出食指探进竹笼，去抚摸它的背羽。那羽毛冰凉滑腻，像深涧潭水淌过指缝。那颜色也像潭水般凝绿，绿得都快流出来了。我害怕捅破它，只蜻蜓点水似地碰了一下，然而就这么轻轻地一碰，它却惊醒了，刷地抖开五彩翅膀，仰起嫩黄的颈脖，张着惊恐的眼睛，从那只红得像滴血似的喙中发出了一声清丽哀婉的长鸣，如诉如泣，似有无限心事要倾吐……啊，不知它的前身是如何娇美温柔的一位少女？有着如何凄伤动人的恋爱悲剧？我的心弦久久地不能平静。

葵表姐采来治跌伤的草药，放在石臼里捣碎了，精心地替相思鸟敷伤。她那黄叶片似的脸上飞上了两朵红晕，细细的眼睛里冒出奇异的光彩，简直像得到一件稀世珍宝。葵表姐平常总是不怒不喜，不紧不慢，对周围一切都漠不关心的，人说她的性格像一抹云絮般的恬淡。我奇怪她今天竟会对一只小鸟如此关注。问她，她无声地吐了口气，梦呓般地说："倘若我也能变成一只自由自在的相思鸟，那就好了。"

"你才不会变成相思鸟呢，你舍得表姐夫吗？"我吃吃地笑起来。真的，谁不羡慕葵表姐有个好丈夫？表姐夫在城里工作，长得一表人才，城里那么多天仙般的姑娘他看不上眼，偏挑上了葵表姐的清雅淡泊。舅舅舅妈喜得掉了魂，收了好几百元聘礼，三个月后就把女儿嫁出了门。这回，葵表姐新婚三朝回娘家探亲，铰了长辫，愈发地标致了。像这样美满婚姻的人怎么会变相思鸟呢？

可葵表姐的脸色陡然变了，眼神黯淡下去，像云遮雾罩的林子一般幽暗。

两天后，相思鸟的翅膀长好了，浑身羽毛变得金碧辉煌，犹如雨后的彩虹闪着七色异彩。听舅姥姥说，相思鸟飞起来体姿玲珑百态，叫起来声音悠扬悦耳，我真盼望它能表演一番呀。可这只相思鸟一点都不赏脸，总是闷闷不乐地引颈伫立，我使尽了各种办法来引逗它，用细棍子拨它，拿酸梅子喂它，都白费力了,我简直怀疑它是不是中了邪。葵表姐却说:"它是在思念它的情郎呢,怪可怜的,放了它吧。"

葵表姐一定在哄我,我才不上当呢!

傍晚,夜雾很重,连平日最节省的舅姥姥都早早点起了双芯油灯。一切都被浓雾遮没了,山庄悄然无声,仿佛落下一粒灰尘也会发出震耳欲聋的巨响。舅姥姥正要给我讲山鬼的故事,忽然间……

"唧啾啾……唧啾啾……"屋后山坳里传来了一声又一声尖啸悲怆的鸟鸣,听得人毛骨悚然,肝胆欲裂。我用双手蒙住耳朵,扑进葵表姐怀中。我发现葵表姐的身子像风中的树叶在颤抖,片刻,她猛地站起来,奔到窗前,把耳朵紧紧地贴在窗棂上,凝神倾听着,嘴角露出了一丝古怪的笑影。听着听着,她喃喃地说:"是它,是相思鸟的情郎来寻它了!"

我恐惧地拉住舅姥姥的胸襟说:"姥姥,你瞧葵姐尽说吓人的疯话……"

就在这当口,我们笼里的相思鸟突然引吭共鸣了:"唧啾唧啾,唧啾啾……唧啾啾……"

"唧啾啾……唧啾啾……"屋内屋外,鸣声互答,幽咽凄厉,悲切情真,仿佛含着泪、拌着血一般,真叫人销魂落魄。

葵表姐的眼中涌出了大颗大颗的泪珠,哽咽着说:"妹子,你听懂了么?真是它的情郎在唤它呀,你让它们相会吧,啊?"

"都当媳妇了,还痴癫癫的,哄你妹子!山鸟哪懂人性呀?相思鸟多珍贵,出多少钱都买不着呢,哪能放了它?"舅姥姥嗔骂着葵表姐。

"唧唧……啾啾……"笼里的相思鸟绝望地扑打着翅膀。

"唧唧……啾啾……"窗外的鸟鸣渐渐地远去了,留下了一缕似有似无的愁绪……

第二天，我们的相思鸟不吃也不喝，对着食盂低垂下小脑袋，它美丽的羽毛在一片片地褪落，我还看见真正的一粒晶亮的泪珠从它眼皮下滚出来。我心痛得捧着鸟笼哭了，葵表姐却淡淡地笑着说：“它在殉情呢。唉，世上的人哪及得上它啊！”我总觉得葵表姐说话像深奥的数学题一般难解。

舅姥姥又帮我说话了：“听人讲相思鸟拆了对，活不长的，葵儿，替你妹子去求求捕鸟的石椿子吧，人说他会解鸟语花言，托他逮个雄鸟来配对，不就好了？”葵表姐先是沉着脸不肯去，经不住我七求八磨地撒娇，便答应了。

挨到傍晚，屋外又闹起了“唧唧啾啾”的鸟鸣，我急忙探头张望，只见青灰色的暮霭里站着位银杏树般挺俊的小伙子，看不清他的脸，只有两只眼在暗中幽幽地发亮，那鸟声原来是从他嘴里发出来的。

舅姥姥忙不迭地招呼：“石椿子，麻烦你了，我这个侄孙女从城里来山间度假，把个鸟儿稀罕得珍珠宝贝似的。”

幽幽亮的眼忽闪了一下：“没啥。跟我上后山坳当个帮手吧！”声音嗡嗡的，像山洞里的暗涧在淌。

我匆匆披上外衣，里屋外屋地找葵表姐一块去，可葵表姐竟像上天入地般地不见了。

舅姥姥说：“别寻她啦，明天她就要回婆家，忙着呢。”

于是，我只得独自忸怩不安地随着陌生的石椿子去捕鸟了，不知是兴奋还是紧张，心扑腾扑腾地跳得厉害。

月亮刚刚升起，又大又圆，黄澄澄的，就挂在山坳口，我相信，若是快些爬上山坡，准能用手摸着它。它是像镜子一般的滑呢？还是像冰块一般的凉？

石椿子仿佛知道我的心思，大步流星地走着，可是，等我们赶上山坡，月亮却俏皮地攀上了另一道山梁，而且变小了，变白了，向山坳里洒下一片琥珀色的光流。

山坳里是座嫩竹林，白天，它是碧碧绿的，就像嵌在五彩大山中的一块翡翠，我好多次真想把它捡回去，给妈妈别在领口，那一定是很美丽的。可是现在，绿翡翠、月色、暮霭融在一起了，山坳里变得青幽幽蓝森森的，犹如一泓望不到底的深水潭，我们就钻进这深水潭底了。

一股清香扑鼻而来，空气凉如水，吸一口甜津津的，馋得人猛喝也喝不够。林间卧着一条潺潺的小溪，像一把寒光嗖嗖的宝剑刺破夜幕，或许就是传说中的干将莫邪雌雄剑中的一把？“沙沙沙，沙沙沙……”耳边尽是唧唧唔唔的低语，石椿子说，是竹子们在谈情说爱，晚风便是它们的红娘。真有意思，我被他逗乐了，他却没一丝笑意，默默地抖开了白色纱网，把它们系在竹子与竹子之间，仿佛竹林里升起了朦朦胧胧悠悠荡荡的云雾。

石椿子警告我，不能出声了！随后他倚着青竹，仰起头，学起鸟鸣来：“唧唧唧……啾啾啾……唧唧啾啾……”像珍珠落入玉盘，像泉水滑过石滩，声音在乌沉沉的大山间飘飘忽忽地传开了……

“唧唧啾啾……唧啾啾，唧啾啾……”山坳深处有一只鸟应声和鸣了！石椿子幽幽的眼睛里迸出灼亮的火星，他的鸣声愈发情急意切：“唧唧唧……啾啾啾……唧啾唧啾……”仿佛说：我在这里！盼你归来！盼！盼！盼！

山坳深处的鸟回答：“唧唧啾啾……唧啾啾……唧啾啾……”仿佛说：我来伴你！再不分离！不！不！不！

我听得入神了，屏住呼吸，一动也不敢动。

应声的鸟鸣越来越近，越来越响，已听到它扑打翅膀的声音了……突然，从我背后发出一息细微的哭泣声，吓得我一下子软了腿，扑通倒在泥地上。慢慢回转头：呀！一张满是泪珠的脸，像被雨打湿的黄叶片。“葵表姐，你……?!”

她一把捂住我的嘴，偎着我不出声，出神地望着石椿子模糊的侧影，望着他眼中的两颗火星……

扑喇喇……鸟翼挣扎的声音。

“撞网了!”石椿子低低地吼。

我赶紧挣脱葵表姐的怀抱，奔向纱网，哦——网眼里圈着一只黄胸翠背红嘴的相思鸟，是它——痴心的情郎！我们的那只相思鸟得救了，我欢蹦乱跳地捉住“情郎”，转身招呼葵表姐，咦？身后已无人影，只有翠森森的竹枝在月色中摇曳……

我捧着“情郎”，乐颤颤地回家，没进门就嚷：“姥姥，快把鸟笼拿来，它们要久别重逢了!”

奇怪，爱说爱笑的舅姥姥不出声，灯影中，竹笼是空的！“我的相思鸟呢?!”我急得泪都落下来了。

“唉，”舅姥姥撩起衣襟擦擦眼角：“它没福气哟，听得后山坳左一声右一声的鸟叫，它便吐口鲜血，断气啦!”

啊！仿佛一块巨石砸在我头上，眼前一片乌黑，心像撕碎了一般。哇——我忍不住放声痛哭起来。真悔呀，若是早依了葵表姐放它回山林，它如何会遭此惨死？人家会不会像骂焦仲卿的母亲、祝英台的父亲那样地骂我呢？

一双软软的手摸着我的头发，葵表姐细声柔气地劝我：“傻丫头，哭什么呢？既然它活着没有爱，还不如死了好，它的灵魂还会和情郎相会的呀。”

一清早,葵表姐打扮得齐齐整整,穿上水红的夹袄,回婆家了,我一直送她到翡翠般的竹林旁。临别时,她说只有一件事要求我,就是千万要把那只“情郎”放回山:“让它去寻觅它的爱吧!”

我连连点头应允,葵表姐笑了,我第一次看见她笑得这么惬意,这么美。

独自一人往回走的路上,我遇见了石椿子,他当风站在山坡上,呆呆地向远处眺望着,不知这空蒙蒙的大山有什么稀罕物值得他如此向往?我好奇地顺着他的目光看去:远远的,有一点红影正隐入那一派浓绿欲滴的山色中……

回来,我立即打开鸟笼,把那只可怜的“情郎”放了。

多情的文鸟

◎丘秀芷

我养过一只善解人意的文鸟。那只鸟来得有点稀奇，十年前我住南势角，一天，我们一家子从外头回来，忽然一只文鸟飞过来，就跟着我们回家。从此，它变成我们家中的一员。

它腹部白色，背脊和翅膀带青灰色，小小红喙、爪子也是粉红的，可爱极了。我去买个有草窝的鸟笼，让它住在里头，不过平时常放它出来，它就在屋内自由飞来飞去。

我写字时，它最爱飞过来，就在桌上，伸着小小的脖子，看我写字，又常跳到我的手肱上走来走去。夏天我穿短袖衣服，它小小爪子在我手臂上跳，痒痒的，使我无法集中心思写东西。我只好改看书，可是它又跳到我的肩头，以嘴喙轻啄我的面颊，弄得我书也无法看下去。有时我为了专心工作，只好狠下心来，将文鸟“禁闭”起来。

它出来活动，倒也不一定紧跟着我，它常跟孩子们一块儿，那时我的孩子还幼小，两个小孩在地板上跑来跑去，小文鸟也跑着跳来追去的。我总是提心吊胆，直叫小孩小心别踩到文鸟。好几回，文鸟的翅膀叫小孩踩着，掉下一两根羽毛下来，可是他们依旧乐此不疲的人和鸟跑来追去。

晚间我要睡前，一定把文鸟放回鸟笼中，将鸟笼门关好。清晨起来，一到厨房，文鸟就会立刻扑动翅膀发出声音，向我打招呼，我摸一摸它的脖子，叫它："等一下！我马上帮你换水。"

它就回去停在小木枝上，静静等我替它换清水添加饲料。它很喜欢洗澡，每吃饱了，就在小水杯前站着，饮一口水，然后往身上啄洗，每天洗得干干净净的。

它最爱人家摸它的脖子，每当人轻轻用指头抚弄它的颈子上的羽毛，它就眼睛半睁半闭，一副心满意足的神态。它的声音啁啾，不像黄莺那样百啭动听，不过也不像麻雀吱喳噪耳。事实上它不太叫，就这方面来说，它是不折不扣的"文鸟"。

不过，它爱跟小孩们跑来跳去(应该说是飞来跳去)，我工作时，它爱来招惹我，要我跟它玩，就这一点，它可不是"文"鸟了，有时还跟孩子们玩疯了，高兴得飞过来，扑过去，其乐无比。

我家对门的一位太太常爱跑来我家坐坐聊聊，看我家这只文鸟不文静的一面，啧啧称奇，说：

"这只鸟怎么这样精灵呀！少见！"

我说："其实很多鸟儿都很精灵的，只要人类肯花一些时间跟它相处。"

这是真的，我亲戚家有只文鸟也是放养的，它也不飞走，成天在屋内磨着人，跟人腻在一块儿。

我以为我家这只文鸟，也可以跟我们一直在一块儿生活。可是在养了两年多以后，一天早晨我起床到厨房，再也没像往常一样听到文鸟扑翅的声音，一切静悄悄的。我低头看摆在地面上的鸟笼，天呀，文鸟已经死了，它僵硬地躺在笼底，再也不跳跃、不扑翅了。不晓得它是不是老死的，还是别的原因！

一九八三年三月十六日

珍珠鸟

◎冯骥才

真好！朋友送我一对珍珠鸟。放在一个简易的竹条编成的笼子里，笼内还有一卷干草，那是小鸟舒适又温暖的巢。

有人说，这是一种怕人的鸟。

我把它挂在窗前。那儿还有一盆异常茂盛的法国吊兰，我便用吊兰长长的、串生着小绿叶的垂蔓蒙盖在鸟笼上，它们就像躲进深幽的丛林一样安全；从中传出的笛儿般又细又亮的叫声，也就格外轻松自在了。

阳光从窗外射入，透过这里，吊兰那些无数指甲状的小叶，一半成了黑影，一半被照透，如同碧玉；斑斑驳驳，生意葱茏。小鸟的影子就在这中间隐约闪动，看不完整，有时连笼子也看不出，却见它们可爱的鲜红小嘴儿从绿叶中伸出来。

我很少扒开叶蔓瞧它们，它们便渐渐敢伸出小脑袋瞅瞅我。我们就这样一点点熟悉了。

三个月后，那一团愈发繁茂的绿蔓里边，发出一种尖细又娇嫩的鸣叫。我猜到，是它们有了雏儿。我呢？决不掀开叶片往里看，连添食加水时也不睁大好奇的眼去惊动它们。过不多久，忽然有一个小脑袋从叶间探出来。更小哟，雏儿！正是这个小家伙！

它小，就能轻易地由疏格的笼子钻出身。瞧，多么像它的母亲：红嘴红脚，灰蓝色的毛，只是后背还没有生出珍珠似的圆圆的白点；它好肥，整个身子好像一个蓬松的球儿。

起先，这小家伙只在笼子四周活动，随后就在屋里飞来飞去，一会儿落在柜顶上，一会儿神气十足地站在书架上，啄着书背上那些大文豪的名字；一会儿把灯绳撞得来回摇动，跟着跳到画框上去了。只要大鸟在笼里生气地叫一声，它立即飞回笼里去。

我不管它。这样久了，打开窗子，它最多只在窗框上站一会儿，决不飞出去。

渐渐它胆子大了，就落在我书桌上。

它先是离我较远，见我不去伤害它，便一点点挨近，然后蹦到我的杯子上，俯下头来喝茶，再偏过脸瞧瞧我的反应。我只是微微一笑，依旧写东西，它就放开胆子跑到稿纸上，绕着我的笔尖蹦来蹦去；跳动的小红爪子在纸上发出嚓嚓响。

我不动声色地写，默默享受着这小家伙亲近的情意。这样，它完全放心了。索性用那涂了蜡似的、角质的小红嘴，“嗒嗒”啄着我颤动的笔尖。我用手抚一抚它细腻的绒毛，它也不怕，反而友好地啄两下我的手指。

有一次，它居然跳进我的空茶杯里，隔着透明光亮的玻璃瞅我。它不怕我突然把杯口捂住。是的，我不会。

白天，它这样淘气地陪伴我；天色入暮，它就在父母的再三呼唤声中，飞向笼子，扭动滚圆的身子，挤开那些绿叶钻进去。

有一天，我伏案写作时，它居然落到我的肩上。我手中的笔不觉停了，生怕惊跑它。呆一会儿，扭头看，这小家伙竟趴在我的肩头睡着了，银灰色的眼睑盖住眸子，小红脚刚好给胸脯上长长的绒毛盖住。我轻轻抬一抬肩，它没醒，睡得好熟！还呷呷嘴，难道在做梦？

我笔尖一动，流泻下一时的感受：

信赖，往往创造出美好的境界。

1984年1月天津

画眉鸟

◎刘宁

我家先前也养过鸟的。

那年父亲离休，从坐惯了几十年的权力座椅上离开，一时失重，心里闲闷得慌，终日只在院子内独自踱来踱去，屁股不知往哪儿搁好。一位乡下的朋友好心，给他送来一只画眉鸟。父亲本来大半生都反对人家“玩物丧志”的，可这回自己却着着实实的刻意要在画眉身上找出一点乐趣来。

这只画眉，长得雄赳赳，冠上尾巴上泛着金赭褐色，眼边又有一条白闪闪的眉线醒目地翘着，显得既高傲又威武。父亲是个习惯早起的人，每天晨跑回家，听了新闻联播的国家大事后就想也听听画眉唱歌。可那画眉却不买账，一副爱理不理的样子，把头斜一边乜着眼儿，气得总爱讲共产党员修养的父亲也直跺脚嚷叫：这年头，怎连一只小鸟也会这等的势利啊？看看父亲恼怒的模样，我回到单位向平日也酷爱养鸟的总编辑请教，老总沉吟片刻说，有些雏幼的画眉经成年画眉带上几天就能学会唱的。我把话对父亲讲了，父亲一听来了精神，连拍脑门说道：扶上马，送一程，以老带新嘛，看我把这个理都给忘了。次日大清早，父亲就提了鸟笼到公园为画眉物色启蒙老师去了，然而转眼间一个星期过去了，父亲从满怀信心转而又复满脸沮丧的，我问怎么了，父亲没好气嘟哝：孺子不可教！我忍不住暗笑。又觉得人老了真是可怜，便兀自决定要帮父亲一把。其实我对养鸟玩鸟也一窍不通，可我看得出父亲的这只画眉个性极强，准是个吃软不吃硬的家伙。于是在老总的一番点拨下，我每日吃完晚饭便溜到郊外，逮来一只只生猛的草蜢给画眉尝鲜。正是“鸡腿打人牙臼软”，原来鸟类也不例外。尽管这种近乎贿赂的所为有失尊严，可我的殷勤日复一日，终还是把画眉先生感动了。每次给它进贡佳肴后，我都总是要耐着性子噘着嘴啦啦啦的吹一番口哨，自己也搞不清这算是教它逗它激它还是求它。反正我捉摸，画眉酒足饭饱的就没有道理发大少爷脾气吧，想当年曹孟德不就是“三日一小宴，五日一大宴”的把关云长“搞掂”。而实践结果也证明了我的推断不错，画眉先是对我的笨拙从目中透出一丝嘲弄，脑袋不屑地左摆右晃的，可到了后来，则尖嘴儿忍不住半张开，不时兴奋地振抖起翅膀蹦上跳下的。我预感到奇迹快要出现了。果其然，一天晌午，正值午休罢该起床上班的时候，唧吱咻——，唧吱咻——，忽闻阳台那边一声接一声地传来了嘹亮的鸟唱，起先我还不在意，后来委实因那声音太雄壮太激越，太动人太富有磁性了，我才不由自主地被吸引。走向阳台，我惊住了，眼前正定格了令人感动的一幕：父亲恍若一座巨石雕般地立在鸟笼下，半仰着头，圆张着嘴，眼眶溢着光，怔怔地凝视着画眉，如痴如醉，似梦非梦。一鸣惊人？一鸣惊人！彼情彼景，直到事隔多年后的今天想起，我依然历历在目。那一刻，父亲喜出望外，老怀畅开的样子，直把我的心都融化了。从此，父亲便朝夕与画眉相嬉，每天都按时按刻给画眉喂食、洗澡、换屎换尿，在画眉的歌声中挥毫练字，即使彼此偶有摩擦，闹点小别扭，也是流露出一副说恨还爱的感情。周而复始,乐此不疲,其趣盎然。

然而世事无绝对,也许真的只能有如一则电视广告所常告诫人们的——不在乎天长地久,只在乎曾经拥有。那只可爱的画眉陪伴着我父亲欢唱了一千多个日夜,在一个冬天里,忽然嘶哑了声音。父亲很焦急,找我四处向人打听有什么法子。我心里明白,其实画眉老了。毕竟是岁月不饶啊!我只能默默地又多逮些生猛的草蜢喂它。那画眉伴随主人久了,大概也通灵性,晓得我父亲为它操心,有时便藉着天高云淡的晴朗,强打起精神拼了命地吆喝上一段,尽管那声音又沙又涩,可父亲由此还是感到一丝慰藉与希望。

恰其时,也合该多事,有一只外面的画眉无端端地飞进了我家,父亲手忙脚乱地在母亲的共同围捕下,把这位不速之客关在了用竹鸡笼临时改建装修过的鸟笼子里。大姐见了,曾提出疑问,俗话讲"自来猫福自来狗祸",这自来的鸟不知是福是祸呢?父亲听了只不作声,我明白他的心思,他期望这只自来鸟能够给老画眉带来福音。可惜自来鸟住下以后也是闭口不唱,戚戚然摆出沉默是金的面孔来。父亲这回有了经验,就让我学上次一样如法侍候,自己还赔着笑脸也噘着嘴每天笨拙地嗞嗞嗞吹口哨,以一片炽热的心企盼着自来鸟被招安。他并不奢望自来鸟也能有个一鸣惊人的水平,实只祈求借了它同类的呢喃软语能唤起老画眉战胜疾病的精神。遗憾的是,整整一个月过去了,自来鸟仍没有唱起来,在百思不得其解的一番痛苦之后,父亲和我最后才更痛苦地弄明白,原来自来鸟是女同胞,雌画眉是绝无唱歌的可能的,这就如同绝不可能会有牝鸡司晨的现象出现一样道理简单。本来这一切皆因自己的无知,可我们还是莫名的有一种被愚弄了的屈辱感。

你这个婊子！父亲一怒之下，把自来鸟狠狠抓起，一把塞进了老画眉的笼子里，也不管自来鸟情愿不情愿，就要它与老画眉孤男寡女同居一室。父亲其时的心情我是理解的，但是这种对老画眉呵护备至的“鸟道”，则反过来未免显得太不尊重自来鸟的“鸟权”了。也许父亲已把重振雄风的希望寄托在老画眉的第二代、第三代身上了吧。我恻隐地望着自来鸟，倒是它虽属女流，却刚烈得令人钦佩，怒目圆睁，满脸肃杀，也不惊惶，只是凛凛然扎起了“士可杀不可辱”的架势来。那老画眉也颇见修养，面对主人一片苦心安排的性骚扰，既不扫兴也不失风度，半眯着眼坐怀不乱的，一切只当等闲，心领了。

又过了些日子，也不知是命中有缘还是巧合，父亲竟然自己的声音也嘶哑了，开始以为是焦躁上火，饮几碗王老吉就没事的，可后来发展到完全失声，我们才着了慌，送到医院又折腾了一二个月，医生才终于确诊：晚期喉癌。诊断书拿到时，全家人不啻听到噩耗。商量了半天，决定还是不要把真实病情让父亲知道，只由我轻描淡写地告诉父亲：长了颗小息肉，正好在声带的旁边，医生说小菜一碟。父亲不说话，其实也说不了话，只是缓缓坐在阳台的藤椅子上，隔着鸟笼与老画眉无言相对……

一九八九年四月二日，父亲病逝于佛山市第二人民医院。数日后，老画眉不食而终。

小麻雀

◎老舍

雨后，院里来了个麻雀，刚长全了羽毛。它在院里跳，有时飞一下，不过是由地上飞到花盆沿上，或由花盆上飞下来。看它这么飞了两三次，我看出来：它并不会飞得再高一些，它的左翅的几根长翎拧在一处，有一根特别的长，似乎要脱落下来。我试着往前凑，它跳一跳，可是又停住，看着我，小黑豆眼带出点要亲近我又不完全信任的神气。我想到了：这是个熟鸟，也许是自幼便养在笼中的。所以它不十分怕人。可是它的左翅也许是被养着它的或别个孩子给扯坏，所以它爱人，又不完全信任。想到这个，我忽然的很难过。一个飞禽失去翅膀是多么可怜。这个小鸟离了人恐怕不会活，可是人又那么狠心，伤了它的翎羽。它被人毁坏了，而还想依靠人，多么可怜！它的眼带出进退为难的神情，虽然只是那么个小而不美的小鸟，它的举动与表情可露出极大的委屈与为难。它是要保全它那点生命，而不晓得如何是好。对它自己与人都没有信心，而又愿找到些倚靠。它跳一跳，停一停，看着我，又不敢过来。我想拿几个饭粒诱它前来，又不敢离开，我怕小猫来扑它。可是小猫并没在院里，我很快的跑进厨房，抓来了几个饭粒。及至我回来，小鸟已不见了。我向外院跑去，小猫在影壁前的花盆旁蹲着呢。我忙去驱逐它，它只一扑，把小鸟擒住！

被人养惯的小麻雀,连挣扎都不会,尾与爪在猫嘴旁耷拉着,和死去差不多。

瞧着小鸟,猫一头跑进厨房,又一头跑到西屋。我不敢紧追,怕它更咬紧了可又不能不追。虽然看不见小鸟的头部,我还没忘了那个眼神。那个预知生命危险的眼神。那个眼神与我的好心中间隔着一只小白猫。来回跑了几次,我不追了。追上也没用了,我想,小鸟至少已半死了。猫又进了厨房,我愣了一会儿,赶紧的又追了去;那两个黑豆眼仿佛在我心内睁着呢。

进了厨房,猫在一条铁筒——冬天升火通烟用的,春天拆下来便放在厨房的墙角——旁蹲着呢。小鸟已不见了。铁筒的下端未完全扣在地上,开着一个不小的缝儿小猫用脚往里探。我的希望回来了,小鸟没死。小猫本来才四个来月大,还没捉住过老鼠,或者还不会杀生,只是叼着小鸟玩一玩。正在这么想,小鸟,忽然出来了,猫倒像吓了一跳,往后躲了躲。小鸟的样子,我一眼便看清了,登时使我要闭上了眼。小鸟几乎是蹲着,胸离地很近,像人害肚痛蹲在地上那样。它身上并没血。身子可似乎是蜷在一块,非常的短。头低着,小嘴指着地。那两个黑眼珠!非常的黑,非常的大,不看什么,就那么顶黑顶大的愣着。它只有那么一点活气,都在眼里,像是等着猫再扑它,它没力量反抗或逃避;又像是等着猫赦免了它,或是来个救星。生与死都在这俩眼里,而并不是清醒的。它是糊涂了,昏迷了;不然为什么由铁筒中出来呢?可是,虽然昏迷,到底有那么一点说不清的,生命根源的,希望。这个希望使它注视着地上,等着,等着生或死。

它怕得非常的忠诚,完全把自己交给了一线的希望,一点也不动。像把生命要从两眼中流出,它不叫也不动。

小猫没再扑它,只试着用小脚碰它。它随着击碰倾侧,头不动,眼不动,还呆呆的注视着地上。但求它能活着,它就决不反抗。可是并非全无勇气,它是在猫的面前不动!我轻轻的过去,把猫抓住。将猫放在门外,小鸟还没动。我双手把它捧起来。它确是没受了多大的伤,虽然胸上落了点毛。它看了我一眼!

我没主意:把它放了吧,它准是死?养着它吧,家中没有笼子。我捧着它好像世上一切生命都在我的掌中似的,我不知怎样好。小鸟不动,蜷着身,两眼还那么黑,等着!愣了好久,我把它捧到卧室里,放在桌子上,看着它,它又愣了半天,忽然头向左右歪了歪用它的黑眼瞟了一下;又不动了,可是身子长出来一些,还低头看着,似乎明白了点什么。

麻雀

◎冯骥才

这种褐色、带斑点、乌黑的尖嘴小鸟，为什么要在城市里落居为生，我想，一定有个生动和颇含哲理意味的故事。它们从来不肯在金丝笼里美餐一顿精米细食，也不肯在镀银的鸟架上稍息片刻。如果捉它一只，拴上绳子，它就要朝着明亮的窗子，一边尖叫，一边胡乱扑飞；飞累了，就倒垂下来，像一个秤锤，还张着嘴喘气。第二天早上，它已经伸直腿，闭上眼死掉了。它没有任何可驯性，因此它不是家禽。

它们不像燕子那样，在人檐下搭窝。而是筑巢在高楼的犄角；或者在光秃秃的大墙中间，脱落掉一两块砖的洞眼儿里。在那儿，远远可见一些黄黄的草，五月间，便由那里传出雏雀儿一声声柔细的鸣叫。这些巢儿总是离地很远，又高又险，人手摸不到的地方。

经常同人打交道，它懂得了人的恶意。只要飞进人的屋子，人们总是先把窗子关上，然后连扑带打，跳上跳下，把它捉住，拿出去给孩子们玩弄，直到它死掉。从来没有人打开窗子放它飞去。因此，一辈辈麻雀传下来的一个警句，就是：不要轻易相信人。

麻雀生来就不相信人。它长着土的颜色，为了乱淆人的注意力。

它活着,提心吊胆,没有一刻得以安心。逆境中磨炼出来的聪明,是它活下去的本领。

它们每时每刻都在躲闪人,不叫人接近它们,哪怕那个人并没看见它,它也赶忙逃掉;它要在人间觅食,还要识破人们布下的种种圈套,诸如支起的箩筐,挂在树上的铁夹子,张在空间的透明的网等等,并且在这上边、下边、旁边撒下一些香喷喷的米粒面渣。还有那些特别智巧的人发明的一种又一种奇特的新捕具。

有时地上有一粒遗落的米,亮晶晶的,那么富于魅力地诱惑着它。它只能用饥渴的眼睛远远盯着它,却没有飞过去叼起米来的勇气。它盯着,叫着,然后腾身而去——这因为它看见了无关的东西在晃动,惹起它的疑心或警觉;或者无端端地害怕起来。它把自己吓跑。这样便经常失去饱腹的机会,同时也免除了一些可能致死的灾难。

这种活在人间的鸟儿,长得细长精瘦,有一双显得过大的黑眼睛,目光却十分锐利。由于时时提防人,反要处处盯着人的一举一动。脑袋仿佛一刻不停地转动着,机警地左顾右盼;起飞的动作有如闪电,而且具有长久不息的飞行耐力。

它们总是吃不饱,需要往返不停地奔跑,而且见到东西就得快吃。有时却不能吃,那是要叼回窝去喂饱羽毛未丰的雏雀儿。

雏雀长齐翅膀,刚刚学飞时,是异常危险的。它们跌跌撞撞,落到地上,就要遭难于人们的手中。更可怕的是,这些天真的幼雀,总把人料想得不够坏。因此,大麻雀时常对它们发出警告。诗人们曾以为鸟儿呢喃是一种开心的歌唱。实际上,麻雀一生的喊叫中,一半是对同伴发出的警戒声。这鸣叫里包含着惊心和紧张。人可以把夜莺儿鸣叫学得乱真，却永远学不会这种生存在人间的小鸟的语言。

愉快的声调是单纯的，痛苦的声音有时很奇特；喉咙里的音调容易仿效，心里的声响却永远无法模拟。

如果雏雀被人捉到，大麻雀就会置生死于度外地扑来营救。因此人们常把雏雀捉来拴好，要弄得它吱吱叫喊，旁边设下埋伏，来引大麻雀入网。这种利用血缘情感来捕杀麻雀，是万无一失的。每每此时，大麻雀总是失去理智地扑去，结果做了人们晚间酒桌上一碟新鲜的佳肴。

在这些小生命中间，充满了惊吓、危险、饥荒、意外袭击和一桩桩想起来后怕的事，以及难得的机遇——院角一撮生霉的米。

它们这样劳碌奔波，终日躲避灾难，只为了不入笼中，而在各处野飞野跑。大多数鸟儿都习惯了一方天地的笼中生活，用一身招徕人喜欢的羽翼，要着花腔，换得温饱。唯有麻雀甘心在风风雨雨中，过着饥饿疲惫又担惊受怕的日子。人憎恶麻雀的天性。凡是人不能喂养的鸟儿，都称作为“野鸟”。

但野鸟可以飞来飞去；可以直上云端，徜徉在凉爽的雨云边；可以掠过镜子一样的水面；还可以站在钻满绿芽的春树枝头抖一抖疲乏的翅膀。可以像笼鸟们梦想的那样。

哎，朋友，如果你现在看见，一群麻雀正在窗外一家楼顶熏黑的烟囱后边一声声叫着，你该怎么想呢？

一九七〇年二月写

一九八二年六月整理

隔窗看雀

◎周涛

它总是拣那些最细的枝落,而且不停地跳,仿佛一个冻脚的人在不停地跺脚,也好像每一根刚落上的细枝都不是它要找的那枝,它跳来跳去,总在找,不知丢了什么。

它不知道累。

除了跳之外,它的尾巴总在一翘一翘的,看起来像是骄傲,其实是保持平衡。

它常常是毫无原由地“噗”地一声就飞走了,忽然又毫无原因地飞回来。飞回来的这只是不是原先飞走的那只,就不知道了,它们长得看起来一模一样,像复制的。

它们从这棵树飞往另一棵树的时候,样子是非常可笑的,那是一团,中途划着几起几落的弧度,仿佛不是飞,而是一团被扔过去的东西——一团揉过的纸或用脏的棉絮团儿什么的。

它如果不在中途赶紧扇动几下它的小翅膀,那就眼看着在往下栽了,像一团扔出去的东西在降落的弧线上突然重新扔高,它挽救了自己。

它不会翱翔,也不会盘旋,它不能像那些大的禽类那样捉住气流,直上白云苍空之间,作大俯瞰或大航行。它是一个现实主义者,从一棵树到另一棵树,从一个楼檐到另一个檐台,与人共存,生存于市井之间,忙碌而不羞愧,平庸而不自杀。

它那么小,落在枝上就是近视眼中的一个黑点,连逗号还是句号都看不清楚,低飞、跳跃、啄食、梳理羽毛,发出永远幼稚的鸣叫,在季节的变化中坚忍或欢快,追逐着交配,有责任感地孵蛋和育雏……活着。

它是点缀在人类生活过程当中的活标点:落在冬季枯枝上时,是逗号;落在某一个墙头上时,是句号;好几只一起落在电线上时,是省略号……求偶的一对儿追逐翻飞累了落在上下枝时,就是分号。

和人的生活最贴近,但保持距离。

经常被人伤害,却总也不远走高飞放弃贴近人时的方便,所以总不见灭绝。

它们被人所起的名称,是麻雀。不知道它们彼此之间是不是也认为对方是“麻雀”呢?

瞧,枝上的一个“逗号”飞走了。

“噗”地又飞走了一个。

敬　启

因为某些技术上的原因,致使本书的个别作者尚未能联络上。敬请见书后,即与责任编辑联系,以便我们及时奉上样书与薄酬,并敬请见谅。